Julius Wolff

Tannhäuser - ein Minnesang

Julius Wolff

Tannhäuser · ein Minnesang

ISBN/EAN: 9783743647381

Hergestellt in Europa, USA, Kanada, Australien, Japan

Cover: Foto ©Thomas Meinert / pixelio.de

Weitere Bücher finden Sie auf **www.hansebooks.com**

Grote'sche Sammlung
von
Werken zeitgenössischer Schriftsteller.

➤──────────────────────────────◄

Otto Glagau, Fritz Reuter und seine Dichtungen. Neue umgearbeitete Auflage mit Illustrationen, Porträts und einer autographischen Beilage.

Julius Wolff, Till Eulenspiegel redivivus. Ein Schelmenlied. Mit Illustrationen. 19. Tausend.

Julius Wolff, Der Rattenfänger von Hameln. Eine Aventiure. Mit Illustrationen von P. Grot Johann. 49. Tausend.

Wilhelm Raabe, Horacker. Mit Illustrationen von P. Grot Johann. Dritte Auflage.

Friedrich Bodenstedt, Theater. (Kaiser Paul. — Wandlungen.)

Anastasius Grün, In der Veranda. Eine dichterische Nachlese. Dritte Auflage.

Julius Wolff, Schauspiele. (Kambyses. — Die Junggesellensteuer.)

Carl Siebel's Dichtungen. Gesammelt von seinen Freunden. Herausgegeben von Emil Rittershaus.

Wilhelm Raabe, Die Chronik der Sperlingsgasse. Neue Ausgabe, mit Illustrationen von Ernst Bosch. Sechste Auflage.

Julius Wolff, Der wilde Jäger. Eine Waidmannsmär. 50. Tausend.

Hermann Lingg, Schlußsteine. Neue Gedichte.

Julius Wolff, Tannhäuser. Ein Minnesang. Mit Porträtradirung nach einer Handzeichnung von Ludwig Knaus. Zwei Bände. 28. Tausend.

Julius Wolff, Singuf. Rattenfängerlieder. 13. Tausend.

Julius Grosse, Gedichte. Mit einer Zuschrift von Paul Heyse.

Julius Wolff, Der Sülfmeister. Eine alte Stadtgeschichte. Zwei Bände. 22. Tausend.

A. von der Elbe, Der Bürgermeisterthurm. Eine Erzählung aus dem 15. Jahrhundert. Zwei Bände.

Julius Wolff, Der Raubgraf. Eine Geschichte aus dem Harzgau. 23. Tausend.

Julius Grosse, Der getreue Eckart. Roman in zwölf Büchern. Zwei Bände. Zweite Auflage.

Theodor Fontane, Unterm Birnbaum. Eine Novelle.

Wilhelm Raabe, Unruhige Gäste. Ein Roman aus dem Säculum. Zweite Auflage.

Julius Wolff, Lurlei. Eine Romanze. 26. Tausend.

Wilhelm Raabe, Im alten Eisen. Eine Erzählung.

Arthur Drews, Jrold. Eine Rhapsodie in sechs Gesängen.

Julius Wolff, Das Recht der Hagestolze. Eine Heirathsgeschichte aus dem Neckarthal. 15. Tausend.

Wilhelm Jordan, Zwei Wiegen. Ein Roman. Zwei Bände. 5. Tausend.

◄──────✦──────►

Grote'sche Sammlung

von

Werken zeitgenössischer Schriftsteller.

Dreizehnter Band.

—•••—

Julius Wolff, Tannhäuser.

Zweiter Theil.

Tannhäuser.

Ein Minnesang

von

Julius Wolff.

Mit Porträtradirung nach einer Handzeichnung von Ludwig Knaus.

Zweiter Band.

Achtundzwanzigstes Tausend.

Berlin,
G. Grote'sche Verlagsbuchhandlung.
1889.

Druck von Breitkopf & Härtel in Leipzig.

Inhalt.

Tannhäuser.

Zweiter Band.

I.

Der Fiedelvogt.

———

Auf der großen, feuchten Wiese,
Die am Flusse sich dahin streckt,
Wimmeln Hunderte von Störchen.
Alles weiß, man sieht kaum Grünes,
Weiß und schwarz mit langen Schnäbeln
Und noch längern rothen Beinen.
Und ein Klappern ist's und Plappern
Und ein Nicken, Hüpfen, Schütteln,
Hälserecken, Flügelschlagen
In der flattrigen Versammlung,
Daß kein einz'ger Bruder Langbein
Noch sein eigen Wort verstehn kann.
Must'rung halten sie und Heerschau,
Pflegen wichtige Berathung
Ueber Wanderung und Abzug.
Nicht wohin, — das wissen Alle,
Doch den Führer gilt's zu küren,
Einen Aldermann und Häuptling,

Deſſen tiefer Schnabelweisheit
Alle Anderen gehorchen
Der beſchwingten Karawane.
Herbſtlich wird es ſchon am Rheine,
An der Elbe und der Weſer,
Und der Wandertrieb im Blute
Regt ſich mit dem Drang nach Süden.
Doch, ihr klugen Klapperſtörche,
Sagt, wer hat euch einberufen,
Daß ihr zur beſtimmten Stunde
Und an der beſtimmten Stelle
All' auf einmal eingetroffen?
Wer trug euch von Neſt zu Neſte
Durch das ganze Land die Briefe?
Habt ihr Boten und Geſandte?
Hat's der Wind euch zugeblaſen?
Oder zog durch Dorf und Heide
Mit der Wandermär ein Spielmann?
Wie ihr's macht, iſt eu'r Geheimniß,
Aber abgeſehen haben
Euch das andre Wandervögel,
Federleicht wie ihr und flügge
Und wie ihr verſtreut im Lande,
Ohne Heimat, ohne Habe,
Ueberall zu Haus und nirgend.
Schwingt, ihr Störchlein, an der Weſer
Euch empor nur in die Lüfte;
Wenn ihr dann gen Süden ſteuert,
Fliegt ihr jenen andern Streichern
Graden Weges übern Kopf hin.
Werdet ſie ſchon ſehn und hören,
Denn es ſind wohl lautre Gäſte
Als ihr ſelbſt, und es gehöret
Klappern auch zu ihrem Handwerk.

Da erhoben sich die Störche,
Und als sie in ihrem Fluge
Hoch jetzt überm Spessart schwebten,
Sahen aus der Vogelschau
Sie tief unter sich im Walde
Gar ein seltsam Abenteuer.
An dem Fuß des Geierberges
Unter hohen, alten Eichen
War ein Lager aufgeschlagen.
Zelte standen dort und Hütten,
Größre, kleinre, festgefügte,
Und auch andre, die nur lose
Sich mit wenig grünen Zweigen
Als ein dürftig Dach erwiesen
Gegen Wind und Regentropfen
Für den einen harten Schläfer,
Der darin sich bergen konnte.
Wagen hielten auch und Karren,
Mit geflickten griesen Plänen
Ueberspannt, und drangebunden
Esel oder Hund als Zugthier.
Auch ein Bär lag an der Kette,
Hochgelehrte Pudel leckten
Sich das Maul und rochen Braten,
Und dort hockten langgeschwänzte,
Ruppig, struppig magre Affen,
Die sich unaufhörlich kratzten.
Und die Menschen? O des Bildes,
Das sie boten! Männer, Weiber,
Mädchen, Buben, schrei'nde Bälger,
Ins Gesammt wohl an vierhundert
Und im wunderlichsten Aufzug.
Jede Form und jede Farbe,
Die nur möglich, die nur denkbar,

War an Hauben und Gewändern.
Lederwams und Lodenkoller,
Kettenhemd und Zwillichjoppe,
Fischhaut und zerfreff'nes Pelzwerk,
Scharlach und verschoffne Seide,
Schillernd, scheckig, fadenscheinig,
Mit geschwärzten Silberborten.
Fetzen, Lappen hier und Lumpen
Und dort wohlgepflegte Kleider
Manches aufgeputzten Burschen,
Mancher eitlen, schmucken Dirne.
Und besetzt, behängt war Alles
Mit dem tollsten Tand und Flitter,
Bändern, Schleifen, Schellengürteln,
Starren oder eingeknickten,
Hängenden, zerzausten Federn,
Spangen, Ketten oder Schnüren
Aus den wunderlichsten Stoffen.
Und dazu nun die Gestalten!
Trotzig stämmige Gesellen,
Bärtig, bettelstolz, bewaffnet,
Und in Tanz und Sprung geübte,
Jugendlich geschmeid'ge Glieder.
Kurzgeschorne Igelborsten,
Lange Locken, dicke Flechten;
Schlanke, schlangenrunde Leiber
Und anmuthige Gesichter
Mit geschweiften rothen Lippen,
Die zu lächeln wohl verstanden
Und verliebtem Räubermunde
Einen Kuß nicht stets versagten.
Alle trugen in den Zügen
Eigenthümliches Gepräge.
Derbe, ungebundne Freiheit,

Leichter Sinn und Schelmenlaune
Blitzte Allen aus den Augen,
Allen von der Stirne glänzte
Angeborene Begabung.
Dabei waren doch die Meisten
Ehrliche und biedre Menschen,
Die nicht grämlich oder mühsam,
Sondern allzeit flott und lustig,
Sorglos sich durchs Leben schlugen,
Die das Herz auf rechter Stelle,
Ueberall zusammen hielten
Und sich halfen, wo sie konnten.
Doch was waren's denn für Menschen?
Ja! was waren's! Spielleut waren's!
Fahrend Volk und Gauklerbanden,
Und hier mitten unter ihnen,
Alle mächtig überragend
Mit dem ausdrucksvollen Haupte
Wie ein Patriarch der Bibel
Stand der Fiedelvogt als Hauptmann.

Seit Spervogel mit dem Ritter
Von Venedig fuhr zu Schiffe,
Waren just vier Jahr vergangen.
Damals gab's im Spielmannsvolke
Viel Kopfschütteln und Verwundern,
Daß der Graubart sich entschlossen,
Noch auf seine alten Tage
Ins gelobte Land zu pilgern,
Und es hieß: er muß der Sünden
Mehr auf dem Gewissen haben,
Als uns kund ist; Wen'ge kannten
Seine Dankbarkeit und Liebe
Zu dem Ritter, Viele gaben

Ihn auf Nimmerwiedersehen
Schon verloren, und das schmerzte
Alle Fahrenden im Reiche;
Denn er hatte unter ihnen
Fast ein königliches Ansehn
Neben unverbrüchlich treuer
Herzensbrüderschaft; sein Anhang
Starb auch nimmer aus und wurde
Von den Alten an die Jungen
Noch vererbt und überliefert.
Sonderlich so lang er fern war
Oder vielmehr schon für todt galt,
Wuchs durch Dichtung und Beschreibung
Riesengroß und heldenmäßig
Die Gestalt ins Sagenhafte.
Als sein Abgang mit dem Kreuzheer
Ruchbar wurde, gab es Trauer,
Und man hörte schon die Klage,
Allen frohen Spielmannslebens
Kumpanei und Zucht und Satzung
Müsse nun zusammenbrechen,
Da der Hauptmann ging verloren.

Um so unermeßlich größer
War die Freude und der Jubel,
Als es hieß: der Fiedelvogt
Ist vom heil'gen Land lebendig
Und gesund zurückgekommen!
Alle wollten ihn nun sehen,
Jeder frug: wo denn? wo ist er?
Und wie sieht er aus? was macht er?
Und die Jüngsten, die den Fiedler
Nur von Hörensagen kannten,

Waren nun erst recht begierig
Ihm leibhaftig zu begegnen.
Auch er selber hatte Sehnsucht,
Alle seine lieben Kinder,
Wie die Fahrenden er nannte,
Wieder um sich zu versammeln,
Und bestimmte ihnen schließlich
Eine Govenanz und Anfahrt
Auf den Tag der Kreuzerhöhung
Unterm Geierberg im Spessart.
Da frohlockte und fiebrirte
Alles Spielmannsblut im Lande,
Als wenn es von einem Herzen
Durch ein ganzes Netz von Adern
Weitverzweigt bis in des Reiches
Allerfernste Winkel strömte.
Und wenn jemals Spielmannsbeine
Botendienste willig thaten,
Frohe Märe freudig trugen,
So geschah es dieser Botschaft.
In der Luft lag's und im Wasser,
Wie's in kleinen Quelln und Bächen
Von den Bergen rinnt in Flüsse,
Aus den Flüssen in die Ströme
Sich ergießt, stets wachsend, schwellend,
Also war's mit dem Gerüchte
Von des Fiedelvogtes Rückkehr.
Wie es Alle, die es anging,
Gleich erfahren, wußte Niemand;
Doch sie waren nun zur Stunde
Und zur Stelle da im Spessart
Wie die Störche auf der Wiese,
Um ein herzig Wiedersehen
Und dem Fiedelvogt zu Ehren

Unter sich ein echtes, freies,
Frohes Spielmannsfest zu feiern.

Als er fürbaß selbst dahinzog,
Traf er unterwegs schon manche
Seiner fahrenden Genossen.
Täglich wuchs die Schaar, und wahrlich!
Wie ein Held und Sieger schritt er
An der Spitze seiner Treuen
Auf dem alten Eselspfade
Hin zum Stelldichein im Walde.
Berg' und Thäler hallten wider
Von dem Freudenschrei der Vielen,
Die schon auf dem Lagerplatze
Sein gewartet, als er eintraf,
Und fast in Gefahr des Lebens
Kam er, als in wildem Ansturm
Sich die Meute auf ihn stürzte,
Ihn zu drücken und zu herzen.
In den alten, grauen Augen
Ward es feucht bei so viel Liebe,
Und es fehlten ihm die Worte.
Um der Rührung Herr zu werden,
Deren er in seiner Würde
Vor dem jüngern Volk sich schämte,
Nahm er Fiedel schnell und Bogen
Und begann aus Leibeskräften
Lustig darauf loszufiedeln,
Wie's nur er, der Meister, konnte.
Das gab Lust, ihm und den Andern.
Eine Weile lauschten Alle,
Aber balde hingerissen,
Kamen außer Rand und Band sie
Und erfaßten wie besessen

Bei den Hüften sich und Armen,
Tanzten, sprangen, sangen, jauchzten.
Wie ein wilder Hexensabbath
War die Hatz, das Drehn und Wirbeln
In dem bunten Durcheinander,
Bis sie Alle nicht mehr konnten
Und der Alte lachend dastand,
Seinen Zauberbogen senkte
Und die heiße Stirn sich wischte.

Das war gestern, heute waren
Sie schon ruhiger geworden.
Eine große, dichte Laube
Hatten sie dem lieben Alten
Aufgeschlagen und sein Lager
Sorglich, prächtig drin bereitet.
Viele brachten ihm Geschenke,
Zierliche und seltne Sachen,
Die auf ihren weiten Fahrten
Sie erworben und gesammelt.
Unter einer alten Eiche,
Die auf einem freien Platze
Um ein Weniges erhöht stand,
Hatten sie zum Ehrensitze
Ihm aus Zweigen, Moos und Farren
Einen wahren Thron errichtet
Und darüber in die Aeste,
Die sich wölbend niederbogen,
Rothe Decken, Tücher, Fahnen
Wie zum Baldachin gehangen.
Dahin ward er nun geleitet,
Und nachdem er Platz genommen,
Führten sie vor seinen Augen
Ihm ein Schauspiel auf wie nimmer,

Nicht für reichlichste Belohnung
Andre Augen es gesehen.
In den festlichsten Gewändern
Und mit ihrem ganzen Schmucke
Zeigten sie ihm ihre Künste.
Einzeln oder in Parteien
Traten sie hervor und ließen
Sich in ihrem Glanz bewundern.
Welche wußten Vogelstimmen
Trefflich, täuschend nachzuahmen,
Andre aber überboten
Sich in Uebungen des Leibes
Mit Geschicklichkeit und Stärke.
Wieder Andere vollführten
Sinnige Geberdenspiele,
Ließen wie lebend'ge Menschen
Puppen reden und hantiren
Oder staunenswerthe Stücklein
Ihrer klugen Thiere sehen,
Und zuletzt kam noch das Beste.
Eine Schaar der schönsten Mädchen
Führte Tänze auf und Spiele
Leidenschaftlich und entzückend.
Und hier unter sich, wo Alle
Ja zur großen Zunft gehörten,
Gönnten einmal ihres Gleichen
Gerne sie den frohen Anblick
Ihrer jugendlichen Schönheit.
Alle waren kranzumwunden
Und in fliegend freien Haaren,
Kurzen Röckchen, kurzen Miedern,
Bloßen Armen, bloßen Hälsen
Oder nur von dünnen Schleiern
Kaum verhüllt und leicht umflattert.

Ach! sie bogen, wanden, schwangen
Sich in reizendster Bewegung
Zu berauschend süßen Weisen,
Die auf Geige, Flöte, Sumber
Von geübten Spielern klangen.
Und sie lächelten so lockend,
Und sie zeigten ihre Körper
In so wundervollen Linien,
Daß den Jungen und den Alten
Schier das Herz im Leibe hüpfte.

Nach der wechselreichen Spiele
Ueberraschend schönem Ende
Sollt' es nun ans Schmausen gehen.
Rings im Walde brannten Feuer,
Von den Frau'n geschürt, gehütet,
Kessel dampften dran und Töpfe,
Pfannen brodelten und schmorten.
Dort am Spieße stak ein Hammel,
Dort ein Hase, hier ein Rehbock,
Und die Federn in dem Grase
Zeigten auch, wieviel gerupft war.
Alle hatten sich bemüht,
Etwas Leckres aufzutreiben
Und das Beste zu bewahren
Für den Schmaus, wie er so üppig
Selten ihren Gaumen letzte.
An Getränk war auch kein Mangel,
Und Spervogel war verlegen,
Wie er all die guten Bissen,
All die vielen tiefen Trünke,
Die ihm zugetragen wurden,
Schaffen und bewält'gen sollte.
Nach dem Schmause rückten Alle

Unter Bäumen und vor Büschen,
Deren Laub schon leise gilbte,
Auf dem Rasen mehr zusammen,
Und wie sie dahin gelagert
Nun in malerischen Gruppen
Und den bunten Trachten ruhten,
War's ein lebensfroher Anblick.
Eines warmen Herbsttags Sonne
Malte greller noch die Farben,
Brennend rothe, schreiend gelbe,
Blaue, braune, hell und dunkel,
Blitzte auch auf blanken Knöpfen,
Schnallen, Schellen und Bordüren.
Die beweglichen Gesichter
Auf den kernigen Gestalten
Leuchteten im Sonnenscheine;
Die gebräunten sahn noch brauner,
Narben glühten, Falten, Furchen
Schatteten sich tief und markig,
Junge, frische, runde Wangen
Glänzten rosenroth und blühend.
Alte feste Fiedelstreicher
Saßen da mit Krug und Becher,
Um die nimmersatten Kehlen
Auch noch mit den letzten Reigen
Zu befeuchten und zu waschen.
Andre würfelten und wagten
Manchen hohen Satz im Spiele,
Stritten, jubelten und fluchten
Beim Gewinnen und Verlieren.
Andre plauderten und frugen
Sich nach ihren Abenteuern,
Trieben Possen, wußten Mären,
Suchten auch mit Räthselsprüchen

Oder Taschenspielerkünsten
Manch verquickten Strang zu flechten.
Frauen saßen bei einander,
Horchten, schwatzten oder zeigten
Schmuck und Zierrath sich zum Tauschen.
Mädchen hielten sich umschlungen
Arm in Arm, und wie die Köpfe
Kichernd sie zusammensteckten,
War es lieblich anzuschauen,
Wie das Hellblond sich vom Braunen,
Rabenschwarz vom Fuchsroth abhob.
Pärchen fanden sich zusammen,
Und aus diebisch dunkeln Augen
Sprühten zauberstarke Blicke,
Scherz und neckisch Lachen tönte.
Hatte hier sein Haupt ein Bursche
In der Liebsten Schoß gebettet,
Stützte dort auf ihres Trauten
Knie sich eine junge Schöne.
Mitten drin auf einer Decke
Lag der Fiedelvogt und blickte
Mit Gefühlen stolzer Freude
Auf sein lustig Volk im Kreise.

Eintracht, Fried' und Freundschaft herrschte,
Und die leicht erregten Geister
Wechselten im Widerspiele
Schimpf und Schelmerei zur Kurzweil.
„Fiedelvogt, sag' an," sprach Wickpot,
Einer von den wackern Zechern,
„Gab's da hinten bei den Heiden
Manchmal auch so pricken Spießer?"
„Niemals nicht, du alter Grimbart!"
Lachte Fiedelvogt, „den Wildzahn

Mußten wir uns ausziehn laſſen,
Meiſtens gab's nur ſchmale Brocken.“
„Nun, dann kann ich es nicht loben,
Das gelobte Land!“ rief Mukkolf,
Der den Bären mit ſich führte.
„Aber ſchöne Frauen, hört' ich,
Leben unter den Ungläub'gen,“
Sprach der Tänzerinnen eine.
„Hab' mich nicht darum gekümmert,
Rothe Hazika! ſie gingen
Auch verſchleiert unſern Blicken,“
Sprach Spervogel und erhob ſich.
Mit dem Aelteſten im Haufen,
Düring, einem greiſen Spielmann,
Der ihm wie ein Freund vertraut war,
Schritt er in des Waldes Schatten.
„Würd' es Dir gefallen, Freuga,“
Fragte Starkhand, „wenn Dein Frowin,
Wie's dort üblich, ſtatt des einen
Zwanzig ſolcher Liebchen hätte?“
„Zwanzig ſolcher Liebchen giebt's nicht,“
Meinte Winli, der Floitirer;
„Nicht die Erſte, nicht die Letzte,
Wiſſet, wär' ich unter zwanzig!“
Sagte ſtolz die ſchöne Freuga.
„Das wär' was für Dich, Zachäus!“
Lachte Siebenhaar, ein Geiger,
Feiſt und blauroth im Geſichte,
Doch ſehr dürftig auf dem Scheitel.
„Warum flogſt Du denn nicht ſelbſt mit,
Alter Truthahn?“ frug Zachäus,
„Wirſt doch Deiner vielen Sünden
Hier nicht quitt, und wenn meinswegen
Auch ein Biſchof für Dich betet.“

„Das besorge ich schon selbsten,"
Sagte Siebenhaar, „ich pfeife
Siebenmal das Vaterunser
Jeden Abend, ausgenommen
Freitag, weil ich da vom Fasten
Gar zu schwach bin, um zu pfeifen."
„Fasten? Du? seit wann denn?" lachte
Hiltrud mit den schwarzen Augen
Und den blendend weißen Zähnen.

„Freitags fasten, Sonntags lesen,
Sprach der Mönch, und das macht selig!"

„Doch exceptis excipiendis!
Sprach der Mönch und brach die Fasten"
Höhnte von der andern Seite
Enzemann, der Würfelmeister,
Der nur noch ein einzig Auge
Und dafür drei Schultern hatte,
„So ein alter Fegdenbeutel,
So ein Bohrdenschink und Rührmost
Spricht auch noch von Seligwerden?
Lesen kannst Du nicht, und fasten
Hab' ich Dich in meinem Leben
Nur ein einzig Mal gesehen,
Das war, als in Stock und Eisen
Wir im Loch zu Boppard lagen."

„Richtig, Buckelchen! ich weiß es
Noch wie heute, Deine Würfel
Hatten uns hineingeknöchelt,
Und ich denke mir, ich siedle
Dich noch mal treppauf die Leiter
Und erleb' es, daß die Krähe
Dir die Haare strählt und scheitelt."
„Na, nur ruhig Blut! ihr werft euch
Kletten in den Bart!" rief Krasto,

Einer von den starken Springern,
„Mancher nennt Gott seinen Vater
Und will mich zu seinem Bruder
Doch nicht haben; denn der Pfennig
Ist ein Ehrendieb, mit Sünden
Lockt er Einen in die Hölle.
Goldgeschriebne Seelenmessen
Kann nicht Jeder gleich bezahlen,
Denn das Gold wächst nicht auf Bäumen,
Und aus Nesseln fließt kein Honig.
Doch wenn Unsereins gekränkt wird,
Kriegt er eines Mannes Schatten
Nur als Buße, Fahrende
Sind ja vogelfrei auf Erden.“
„Ja es ist ein Recht, das krumm steht
Wie die Sichel,“ sprach Zachäus,
„Sonderlich die Pfaffheit denket,
Daß das Kränzlein an der Platten
Einem Heil'genscheine gleichkommt,
Und die Kirche rafft zusammen,
Was von Käufer und Verkäufer
Gleich geschätzt wird als das Beste.
Das viel dumme Volk der Bauern
Läßt das Aergste sich gefallen
Und verneigt sich schon vorm Winde,
Wenn er von dem Kloster herweht.
Greift ein Spielmann mal daneben
Oder findet, was dem Aermsten
Keinen Wachtelgeier werth ist,
Schreit das wie der Mönch im Chore,
Läuft zum Richter, klagt und heischet
Rechten Arm und linkes Bein
Gleich vom Leibe wegzuhauen.
Hätte man nicht bei den Weibern

Etwas Rückhalt, wär's gefährlich."
„O Zachäus! mit dem Rückhalt,
Den die Weiber uns gewähren,
Steht es mißlich," sagte Mukkolf,
„Weiber hassen graue Haare,
Lassen unterstunden lange
Auf ihr letztes Wort uns warten."
„Letztes Wort? die Frauen sprechen
Nie ihr letztes Wort," rief Starkhand,
„Sehn uns an mit ihren Augen,
Gleich als wären sie im Grunde
Aller Falschheit Widersasse,
Thun gar schämlich und sind unstät
Doch wie See und Sand und Alles,
Was der Wind bewegt, das glaubt mir!"
„Und wer ist dran schuld? die Männer!"
Sprach der jüngern Frauen eine,
„Ja die Männer! nur die Männer!"
Rief es laut von allen Seiten.
„Wort und Weise muß man kennen,
Wie ihr's mit uns treibt von Kinde.
Sind wir Einem holdgewogen,
Ist's ein Reden und ein Raunen
Nur von eitel Wonn' und Wunder,
Und mit gar geschwinden Blicken
Wollt ihr uns zur Handhaft bringen,
Schwört und lügt, man sei die Erste
Und die Einzige, und fragt uns,
Wie wir über Minne dächten;
Doch ein witzig Weib vertrauet
Nicht gleich Jedem ihr Geheimniß."
Winli lachte: „Hübsche Lüge
Ist nicht große Sünde, mein' ich,
Darum braucht ihr uns nicht Alle

Gleich zur Strafe in der Minne
Fasten und verschmachten lassen."
„Reicher Gott im Himmel!" barmte
Eine Alte jetzt und stemmte,
Mitten in den Kreis sich stellend,
Beide Arme in die Seiten,
„Hört doch endlich auf mit streiten!
Jung ist jung! so lang ihr jung seid,
Taugt ihr Alle nichts, die Männer
Taugen auch nichts, wenn sie alt sind,
Sprecht besonders nicht von fasten!
Denkt doch, Kinder! heut' ist Freitag,
Und nun seht, wie ihr gefastet!
Seid ihr denn noch Christenmenschen
Oder baare, blanke Heiden?"
Da scholl Jauchzen und Gelächter,
Und sie riefen durch einander:
„Sie hat Recht! Heil Mutter Wilwirk!
Mutter Wilwirk, wir sind Heiden!
Spielleut sollen gar nicht fasten,
Spielleut brauchen nicht zu fasten,
Spielleut wollen auch nicht fasten!"

Jetzo wieder aus dem Walde
Kam der Fiedelvogt mit Düring
Und trat in den Kreis der Seinen.
„Höre, Jonas," sagte Wickpot,
„Könntest uns von Deiner Kreuzfahrt
Wohl etwas zum Besten geben."
Alle stimmten zu; Spervogel
Ließ sich nieder und erzählte:
„Nun, wir fuhren von Venedig
Endlich ab, viertausend Helme,
Aber zehnmal mehr an Streitern,

Die nicht ritterbürtig waren,
Sammt den Knechten und der Pilger
Ganzem Troß. Die Venetianer,
Schlaue Handelsleute, nutzten
Aber jetzt zum eignen Vortheil
Unsre Macht; wir mußten ihnen
Erst die feste Stadt Jadera
Unter ihre Botschaft bringen
Und darauf den ganzen Winter
In Dalmatien liegen bleiben.
Erst im Frühjahr ging es wieder
Seewärts, aber Syrien sollten
Wir noch lange nicht erreichen.
Durch den Hellespont hin segelnd
Landeten wir in Abydos,
Uns zu sammeln und zu rüsten,
Fuhren dann in die Propontis,
Wo vor unserm Blick allmählich
Sich ein Paradies enthüllte.
Aus den blauen Wogen tauchte
Dort Byzanz mit seinen Kuppeln,
Vielen Thürmen, hohen Mauern,
Kirchen, Gärten und Palästen
Als ein unvergleichlich Wunder.
Dahin wurde nun gesteuert.
Isaak Angelus, der Kaiser,
Der von seinem eignen Bruder
Abgesetzt war und geblendet,
Bat durch seinen Sohn um Hülfe
Gegen die empörten Griechen,
Und es wurden starke Stürme
Ausgefochten, eh' das Kreuzheer
Einig ward, Konstantinopel
Anzugreifen und zu zwingen.

Erst nach einem vollen Jahre
Heißen Kampfs zu See, zu Lande
Und mühseliger Belag'rung
Ward die Stadt mit Sturm genommen,
Ausgeplündert und verwüstet
Und Graf Balduin von Flandern
Ruhmvoll zum latein'schen Kaiser
Ausgerufen und gekrönet.
Unsre Siege hatten Schrecken
Und Bestürzung rings verbreitet,
Und den Fürsten und Baronen
Ward es leicht, mit wenig Streitern
In den nahen Küstenstrichen
Land und Herrschaft zu gewinnen.
Dadurch ward das Heer verzettelt
Und zerstreut, nur Wen'ge kamen
Noch nach Syrien, unter ihnen
War auch ich; in Antiochien
Ward der Ueberrest fast gänzlich
Von des Sultans Macht vernichtet.
Nur mit Müh dem Tod entronnen,
Schifften wir uns ein nach Frankreich,
Und nach viert'halb Jahren endlich
Sahn den Rhein wir wieder fließen."

Als der Fiedelvogt geendet,
Sprach nach einer kleinen Weile
Siebenhaar: „Nun sag' mir Einer,
Ob das lieblich ist und lockend,
Sich um nichts so anzustrengen,
Stets die Hände in den Haaren
Sich zu raufen und zu balgen.
Das giebt Kopfschmerz, daß den Himmel
Man für kupfern halten könnte."

„Siebenhaar, mit Kahlen raufen
Ist ein Kunststück," sprach Zachäus,
„Und Du sagtest mir ja, Montags
Thät' Dir's Köpflein weh gewöhnlich."
„Der das Meer gesalzen hat,
Wird um kleine Schuld und Fehle
Mild und gnädig sein mir Armen,"
Meinte Siebenhaar, „doch fragt nur,
Was der Fiedelvogt erlangt hat, —
Hitze, Hunger, Durst und Hiebe."
„Na, und gute Beute, hoff' ich!
Wie gesätes Geld ist Plündrung,"
Lachte Enzemann und schielte
Lauernd nach dem Fiedelvogte,
Während er tief in der Tasche
Seine Würfel schon liebkoste.
„Fiedelvogt! und nun erzähle
Auch von Ritter Osterdingen,
Dem Tannhäuser, der als Ritter
Und als Sänger hochberühmt ist,"
Sprach die blonde Smaragdine.
„Frägst nach dem, Du holde Schlange?
Möchtest ihn wohl gern umringeln?"
Lachte Fiedelvogt, „ei, Mädchen!
Wenn Du ihn nur sähest, würde
Dir das Blut zum Herzen stürzen.
Was ich euch von mir erzählte,
Paßt genau auch auf den Ritter,
Denn wir waren unzertrennlich.
Wo er war, da fehlt' ich auch nicht,
Hab' ihm Helm und Schild getragen,
Ihm sein Roß gepflegt, im Zelte
Oder unter freiem Himmel
Ihm das Lager stets bereitet

Und für ihn gesorgt nach Kräften,
Wie er auch für mich bedacht war
Und ich sag' euch: solche Lanze
Hat die Christenheit nicht viele.
Als ob ihm das Leben nichts wär',
Hat er wie ein wilder Löwe
Ueberall voran gestritten.
Bei dem fürchterlichen Sturme
Auf Konstantinopel war er
Einer von den Allererften
Auf der Mauer, und da wurden
Wir getrennt, denn ganz unmöglich
War mir's, dabei ihm zu folgen.
Flügel schienen an die Rüstung
Ihm gewachsen, und gleich Blitzen
Fuhr sein Schwert in das Getümmel.
Doch ich fand ihn balde wieder,
Aber wie auch! an der Spitze
Der Verwegenften von Allen.
Lendner, Rüstung und Gewaffen
Starrten, troffen ihm von Blute,
Theils von eignem, mehr von fremdem
Und hier gab's ein hart Stück Arbeit.
Im Palaft, genannt Blachernä,
Der mit Thürmen und mit Zinnen
Stark geschirmet und geschützt war,
Saßen viele hundert Feinde
Scharf mit Pfeilen, Wurfgeschoffen,
Siedend Oel und Feuerbränden
Uns von dorther überschüttend.
Den Palaft mit Sturm zu nehmen
Galt es, und ein grausig Streiten,
Wie ich nie gesehn mein Lebtag,
Hob sich da von beiden Seiten.

Mit den Feinden war Verzweiflung,
Mit den Unsern Trotz und Rachgier.
Immer wieder kühn gewaget,
Immer wieder abgeschlagen
Ward der Ansturm, daß sich schwimmend
Schon im Blut die Todten häuften.
Endlich drangen wir ins Innre
Schritt vor Schritt den Weg erkämpfend
Unterm Wuthgeheul der Griechen.
Als in einem großen Saale
Wir die Letzten nun erreichten
Brust an Brust mit ihnen ringend,
Schallte draußen ein Getöse,
Und jetzt waren wir gefangen.
Eine Uebermacht von Feinden
Kam den Ihren jetzt zu Hülfe
Und Entsatze, tausend, tausend.
Was wir mühevoll erobert,
Mußten wir nun selbst vertheid'gen,
Und von Neuem nahm das Schlachten
Seinen fürchterlichen Fortgang.
Raum zu schaffen zur Bewegung,
Schleppten wir die vielen Todten
Aus dem Saal heraus und thürmten
Sie als Schutzwall auf am Eingang.
Aber ob wir uns auch wehrten
Wie die angeschoßnen Eber,
Stets an der Gefallnen Stelle
Sprangen wieder neue Feinde,
Und jetzt stieg die Noth am höchsten.
Rauch drang ein mit dickem Qualme,
Denn der Palast stand in Flammen,
Angezündet an vier Ecken.
Immer näher kam das Feuer

Schon dem Saale, knisternd, knatternd;
Durch des Rauches dunkle Wolken
Loderten die gelben Flammen,
Leckten gierig an den Pfosten,
Daß die Wände krachten, knackten
Und der Boden untern Füßen
Und die Balken brannten, schwelten.
Durch das Brausen, Rauschen, Toben
Und das Sieggeschrei der Griechen
Klang der Unsern tapfrer Schlachtruf
Immer schwächer schon und dumpfer.
Muth und Hoffnung wär' uns Allen
Längst entwichen, wenn der Ritter,
Unser Ritter Osterdingen
Wie ein Engel mit dem Schwerte
Riesengroß und riesenmächtig
Nicht mit stets erneutem Zuruf,
Fest zu stehen, drein zu schlagen,
Uns so heldenhaft geführet
Und des großen Saales Eingang
Todeskühn vertheidigt hätte.
Ich hielt aus bei ihm in Nöthen,
Und mit meinem Fiedelbogen
Zog ich lange, rothe Streiche,
Daß von Takt und Ton des Spielmanns
Mancher hinsank an der Thüre.
Endlich, endlich kam uns Rettung.
Fortgetrieben von den Unsern,
Die in Ueberzahl jetzt nahten,
Wurden die Mordbrenner draußen;
Was noch drinnen Athem hatte,
Rettete so Leib und Leben
Aus dem brennenden Palaste. —
Als der Ritter und ich selber

Unsrer Wunden kaum genesen,
Fuhren beide wir nach Syrien,
Kämpften heiß in Antiochien,
Denn er war darauf versessen,
An des Auferstandnen Grabe
In Jerusalem zu beten;
Doch es war nicht zu erreichen.
Auch die Rückfahrt machten beide
Wir auf einem Schiff, und jetzo
Ist er bei dem König Philipp,
Um zu streiten und zu kämpfen
Für das Recht der Hohenstaufen.
Aber ich erbat mir Urlaub,
Spürte Sehnsucht, liebe Kinder,
Ja nach euch in meinem Herzen,
Wollte sehn, ob gut gepflegt noch
Spielmannskunst und Sangessitten,
Wie ich's liebe, rief zusammen
Euch zum Spechtshart, — und da bin ich!"
„Fiedelvogt, Du Alter, Treuer!
Wir sind Dein mit Leib und Leben!"
Riefen sie ihm zu und drückten
Ihm mit Herzlichkeit die Hände.
„Fiedelvogtchen!" lachte schelmisch
Hazika, „ich hörte sagen,
Der Tannhäuser, — Gott beschütz' ihn! —
Habe Glück bei schönen Frauen;
War er bei den Griechenmädchen
Auch so siegreich in der Minne
Wie beim Sturme mit dem Schwerte?"
„Weiß ich nicht! und wenn ich's wüßte,
Sagt' ich's nicht!" sprach kurz der Alte,
Hazika indessen lachte.

Auf dem Eselspfade nahte
Jetzt ein Wagen, hochbeladen;
Rundgebauchte Tonnen waren's,
Angefüllt mit starkem Biere,
Die das wackre Fuhrwerk brachte.
Als der Fiedelvogt vor Tagen
Auf der Wanderung zum Spessart
Nach Aschaffenburg gekommen,
Hatt' er dort das Bier erstanden
Und den Fuhrmann auch gedungen,
Daß es der zur rechten Stunde
Nach dem Geierberge brächte,
Um den Fahrenden und Freunden
Einen guten Trunk zu bieten.
Hochwillkommen war die Gabe
Und mit Jauchzen und Gejodel
Dicht umschwärmt, umtanzt, umsprungen
Jeder wollte Hand anlegen,
Flugs die Fässer abzuladen,
Und zum Vorschein kamen plötzlich
Soviel leere Trinkgefäße,
Als ob alle von den Bäumen
Sie wie Eckern oder Eicheln
Abgefalln; die Tonnen wurden
Gruppenweis vertheilt im Walde
Und von Trinkern bald umlagert.
Aber gute Ordnung herrschte
Ohne Ungebühr und Drängen
Um die Zapfer, die am Hahnen,
Ihres frohen Amts zu walten,
Keine Ruheposten hatten.
Siebenhaars Gesicht erglänzte,
Und die kleinen Augen wurden
Immer größer, als er zusah,

Wie die Andern sich bemühten,
Um die vollen, schweren Fässer
An den rechten Platz zu schaffen.
„Kinderchen," begann er schmunzelnd,
„Diese Herbstluft trocknet grausam
Alle Feuchtigkeit im Menschen,
Und ich habe in der Kehle
Eine Straße, glatt und fahrbar,
Doch abschüssig, und da pustet
Bruder Wind mir in den Magen,
Also füllet mir das Krüglein;
Fiedelvogt, Dir soll es gelten!
Heil dem König aller Fiedler!"
Durch den Wald hin hallte, schallte
Lauten Jubelrufs Getöse;
Dann auf einmal tiefste Stille,
Während Alle, Alle tranken.
Seinen grünumlaubten Hochsitz
Wieder jetzt bestieg der Alte,
Und ein schön beschlagnes Trinkhorn
In der hoch erhobnen Rechten
Stand er da, ein wahrer König
Ueber seinem Volk, und weithin
Tönte seine mächt'ge Stimme:
„Diesen Trunk in hohen Ehren
Unsrer Zunft! Was frei wie Luft
Auf der Straße fährt und wohnt,
Was kein Heim und keine Sorge,
Aber warmes Blut im Herzen,
Und was Saft und Kraft zum Leben,
Und was irgend Sang und Klang hat,
Sei geliebt, gelobt, gegrüßet! —
Und jetzt, Spielleut, wer kann singen?"
Heil! da wirbelten und schwirrten

Hunderte von Instrumenten
Schmetternd, raffelnd durch einander.
Hüte flogen hoch und Kappen,
Hände reckten sich und Köpfe,
Fiedelbogen fochten winkend
In der Luft, und Alles jauchzte:
„Ich hier! ich! und ich kann singen!
Alte Weisen, neue Töne,
Hier ein Winelied, hier Reien,
Hier ein Trinklied, hier Balladen!
Spielleut sangen schon im Lande,
Eh's die Ritter von uns lernten!
Fiedelvogt, laß mich beginnen!
Nein, laß mich! ich kann die schönsten!
Aber ich die allerneusten!"
„Sachte, Kinder!" rief der Alte,
„Immer hübsch in Reih und Ordnung!
Und zu kurz soll Keiner kommen."
Nun begann ein lustig Singen
Unverfroren, unermüdlich;
Bald den Einen, bald den Andern
Rief mit Namen auf der Meister,
Daß es sprudelte von Liedern;
Doch die besten sang er selber.

Boten sendet aus der Mai,
Ob wir's nicht vergaßen,
Ladet uns zum Ringelrei,
Ruft in alle Straßen.
Spielmann setzt die Geig' ans Kinn,
Horche, liebes Magedin!

Lege dich an meine Brust,
Will schon fest dich halten,

Bei der Jungen Lieb' und Lust
Freuen sich die Alten.
Leichter Fuß hat leichten Sinn,
Springe, liebes Magedin!

Einen Kuß auch, Mündel roth,
Darfst du nicht versagen,
Wirst um kleine Herzensnoth
Mich nicht gleich verklagen.
Gieb ihn her und nimm ihn hin.
Lache, liebes Magedin!

———

Fischlein gut
In der Fluth,
Hätt' es fast gefangen,
Aber schnell
Wie die Well'
Ist's davon gegangen.

Vöglein braun,
Das im Zaun
Hin und wider hüpfet,
Auf dem Nest
Hielt ich's fest,
Ist mir doch entschlüpfet.

Mägdelein,
Auf zwei Bein
Hab' ich dich erhaschet,
Kommst nicht los,
Straf' ist groß,
Denn du hast gepaschet.

Nahmst im Scherz
Mir mein Herz,
Und das ist nichts Kleines,
Schaff' es schnell
Mir zur Stell
Oder gieb mir deines!

Ich hab' einmal ein Mägdlein gekannt,
Die konnte gar Rosen lachen,
Wo immer sie ging, wo immer sie stand,
Sie wußte das Wunder zu machen.
Sie lächelte nur, und Berg und Thal
Blühten voll Rosen mit einem Mal,
Die Blättlein flogen mir zu
Bis über, bis über die Schuh.

Ich sah sie einmal alleine gehn
Und bin ihr nachgeschlichen,
Ich wollt' ihr meine Minne gestehn,
Doch wie das Wort mir entwichen,
Was thut sie da? eh' ich's gedacht,
Hat sie da Rosen um mich gelacht,
Drin stand ich, so stumm wie nie,
Bis über, bis über die Knie.

Sie lachte und lachte und hörte nicht auf
Vor meinen flehenden Blicken,
Es wuchs um mich der Rosenhauf,
Als sollt' ich darin ersticken.
Mir ward vor den Augen ganz rosenroth,
Es stiegen mir in meiner Noth
Die Rosen und Dornen mit Schmerz
Bis über, bis über das Herz.

Wo sie erschien, gab's überall
Ein Klingen in der Runde
Wie tausend silberner Glöcklein Schall
Vom rosenlachenden Munde,
Und Männiglich, wo's Rosen giebt,
War in die Lacherin verliebt
Bis über, bis über — o Graus!
Bis über die Ohren hinaus.

———

Es war ein armes Minnerlein
Im Herzen sterbenskrank,
Ihm bot die Allerliebste sein
Nicht Gruß noch Habedank.
Sie war so hart wie Kieselstein
Und wollt' ihn nicht verstehn, —
O weh! du armes Minnerlein,
Nun kannst du betteln gehn!

Er schlich betrübt von Haus zu Haus,
Ach, daß sich Gott erbarm'!
Kommt denn kein schönes Kind heraus
Und nimmt mich in den Arm?
Da klopft es leis ans Fensterlein
Und winkt ihm mit der Hand, —
Schau, schau! du kluges Minnerlein,
Mägdlein giebt's mehr im Land!

Die Zweite Gruß und Kuß ihm bot,
Die Erste hört's mit Gram
Und weinte sich die Aeuglein roth,
Bis daß er wiederkam.
Nun wußt' er nicht mehr aus und ein,
Welch' ihm die liebste sei, —
Juchhe! du lustig Minnerlein,
Jetzt hast du ihrer zwei!

———

Nur das Leben frisch gewagt
Ohne viel Besinnen!
Wer beim Ankerlichten zagt,
Bringt das Schiff nicht binnen.
Heute Herr und morgen Knecht
Und ein Trunk dazwischen,
Bunt wie Karten will ich recht
Mir die Loose mischen.

Schüppendaus bringt Schuldendrang,
Eckernbube Hiebe,
Schellenkönig Kling und Klang,
Herzendame Liebe.
Böse Sieben, gute Drei,
Fünf ist auch mal grade,
Schwarze Kunst macht Hexerei,
Roth sticht ohne Gnade.

Fragest Du mich: welches Stamms?
Vom Stamm Nimm, Geselle!
Und ich hab' ein Loch im Wams
Lieber, als im Felle.
Eines goldnen Schäfchens Schur
Heißt mein Morgensegen,
Meines grimmen Durstes Kur
Ist mein Abendsegen.

Gießt mir voll mein Reifenglas,
Das gebauchte, grüne,
Seht ihr, solches Thränennaß
Ist die beste Sühne.
Trinkers Ablaß möcht' ich schier
Aller Welt verkünden,
Bei dem Glas vergeb' ich mir
Siebenundsiebzig Sünden.

Itzt hört ein neues Liedlein an,
Gar eine frumme Weise,
Und wenn's nicht stehn und gehen kann,
So dreht es sich im Kreise.
Voll loser Lieb' und festem Haß
Klopft mir das Herz im Leibe
Wie junger Wein im alten Faß,
Dem ich die Bände treibe
    Um und um
    Frumm und krumm,
Sitzt du gut, so bleibe!

Und wollet ihr mich recht verstehn,
Hab' ich seit Menschendenken
Noch Keinen gehn und kommen sehn
So gerne wie den Schenken.
Denn wenn er geht, so holt er was
Wie eine Bien' im Fluge,
Und wenn er kommt, so bringt er das,
Was plätschert in dem Kruge
    Um und um
    Frumm und krumm,
Bleibt nur hübsch im Zuge!

Den Filzhut werf' ich in die Luft,
Kann auch die Schuh' entbehren,
Wie Schmetterling vom Blumenduft
Will ich von dem mich nähren.
Schau' ich ihn an, schaut er mich an:
Duzbruder, wie magst heißen?
Und wenn ich dich nicht schneiden kann,
So kann ich doch dich beißen
    Um und um
    Frumm und krumm,
Rothen oder Weißen.

Und fragt ihr mich um Lieb' und Haß,
So bin ich balde schlüssig,
Ich bin nun mal verliebt ins Naß,
Was feucht ist und was flüssig.
Wer mich im Trocknen sitzen läßt,
Verdurstet und verklommen,
Potz Pestilenz und nochmal Pest!
Es soll ihm schlecht bekommen
 Um und um
  Krumm und krumm,
Bächlein, komm geschwommen!

Mit dem Frühroth ward's lebendig
Rings im Lager. Alles packte,
Alles rüstete zum Aufbruch
Und zog frohen Muthes wieder
In die Ferne, in die Fremde.
Kurzer Abschied ward genommen,
Keine weiche Thräne rollte,
Keiner frug: wohin des Weges?
Wie gekommen und versammelt,
So geschieden und gemieden
Und verstreut in alle Winde.

II.

Der Parcival.

Noch immer wandelten feuerumfloſſen
Wolken und Stürme durchs deutſche Land,
Noch immer ſchauten troßig geſchloſſen
Die Helme über den Schildesrand.
Die Heere kämpften, die Fürſten ſtritten,
Biſchöfe verſagten das Sakrament,
Herüber, hinüber die Boten ritten
Mit manchem beſiegelten Pergament.
Schon zogen am unbeſetzten Throne
Zehn Jahre vorüber mit ehernem Klang,
Und immer noch ging um die Kaiſerkrone
Die Fehde der Könige ihren Gang.
Hie Philipp, dort Otto! hie Hohenſtauſen,
Hie Welſen! war immer noch Feldgeſchrei,
Es ließ mit Verſprechen und Gelde erkaufen
Sich Ritteradel und Kleriſei.
Rom aber blieb zäh und fiſchte im Trüben
Und ſpielte wie immer ſein falſches Spiel
Und bannte und ſegnete hüben und drüben,
Die Herrſchaft der Welt war ſein einziges Ziel. --

3*

Da endlich knüpfte an die Fahnen
Des Hohenstaufen sich der Sieg
Und warf aus blutgetränkten Bahnen
Mit einem Schlag den grimmen Krieg.
Der fiel um Köln; mit Bundsgenossen,
Die Geld von England ihm gebracht,
Lag Otto ringsum eingeschlossen
Von König Philipps Heeresmacht.
Bei einem Ausfall lockte weiter
Den Feind man mit verstellter Flucht
Bis Wassenberg, wo Philipps Streiter
Aufs Haupt ihn schlugen mit solcher Wucht,
Daß Otto's Sache nun verloren,
Er selber sich nach England stahl
Und Köln mit gastlich offnen Thoren
Des Siegers Gnade sich empfahl.
Die hellen Osterglocken klangen
Zum Friedensfest, das man beging,
Und Philipp hielt, als Herr empfangen,
Hoflager in der Mauern Ring.
Ein König ganz von Kopf zu Füßen
War er von Antlitz und Gestalt,
Der blauen Augen freundlich Grüßen
Von blondem Lockenhaar umwallt.
Aus seinem anmuthreichen Bilde
Sprach eines freien Geistes Gluth,
Sein Größtes aber war die Milde
Und seines Herzens Edelmuth.
Und läßt sich eine Krone schmücken
Mit Köstlicherm, als Demantschein,
Ist noch ein König zu beglücken,
Wenn alles Reichthums Fülle sein,
Dann sicher war's Philipp von Schwaben,
Denn ihm zur Seite wunderhold

Schritt eine Königin, an Gaben
Viel werther, denn gediegen Gold.
Die „Rose ohne Dorn", Irene,
Ein Königskind aus Morgenland,
Umschlang wie seines Thrones Lehne
Mit ihrer treuen Liebe Band
Zärtlich den Mächtigsten auf Erden.
Sie kam, — da fand die Seele Ruh,
Ein Sünder konnte selig werden,
Sie ging, — der Himmel schloß sich zu.
Sie waren Sonne, Mond und Sterne,
Die Zwei in ihrer Königspracht,
Und glorreich strahlte in die Ferne
Ihr sanftes Leuchten Tag und Nacht.

Im Glanz des Hofes und der Feste,
Bei Reientanz und Ringelspiel,
Im Schwarm der Ritter und der Gäste
War Einer aller Blicke Ziel.
Der König ehrt' ihn und die Fürsten,
Die Männer suchten seinen Bund,
Die Frauen schienen gar zu dürsten
Nach einem Wort aus seinem Mund.
Das war der Ritter Osterdingen,
Deß Name überall erklang,
Als wenn auf unsichtbaren Schwingen
Sein Ruf in jeden Winkel drang.
Wie er am Bosporus gestürmet,
In Antiochien sich gewehrt
Vor Wall und Schanze, hoch gethürmet,
Und wie er endlich heimgekehrt,
Für König Philipp sich geschlagen
Und unterm Herzog von Brabant
Bei Wassenberg davon getragen

Des Tages Ehre, war bekannt.
Dazu war solchen Namens Träger,
Der Glück wie Sporen an sich band,
Ein Sänger und ein Harfenschläger
Wie wenige im deutschen Land.
Tannhäuser nahm, was ihm gebührte
Nur lächelnd und gelassen hin,
Doch die Bewundrung Aller schürte
Noch mehr den hochgetragnen Sinn.
Er hatte großen Ruhm errungen,
Und Stolz erfüllte seine Brust,
Weil noch kein Gegner ihn bezwungen,
Was Wunder, daß er selbstbewußt
Sich immer höh're Ziele steckte
Und jede Schranke fast vergaß,
Wenn er die Hand nach Dingen streckte,
Selbst über seiner Kräfte Maß.
Er hatt' in den fünf letzten Jahren
Im Kreuzzug und im deutschen Krieg
So viel Gewaltiges erfahren,
Feldschlacht und Sturm, Drangsal und Sieg,
Was ihm noch jetzt mit ernsten Tönen
In der Erinnrung widerklang,
Daß ihm's schwer ward, sich zu gewöhnen
An Hofgepräng' und Müßiggang.
Den Männern war er überlegen
An Geist wie in der Waffen Kunst,
Die Frauen kamen ihm entgegen
Mit einer unverhohlnen Gunst.
Er trieb nach Laune und Gefallen
Mit Mancher wohl ein tändelnd Spiel,
Doch da war keine unter allen,
Die recht von Herzen ihm gefiel.
Noch anspruchsvoller kehrt' er wieder,

Als einst er von Ricchezza schied,
Ihm sang und klang durch Haupt und Glieder
Des Minnesehnens altes Lied.
Im Ausruhn fand er kein Genügen,
Rastloser Ehrgeiz trieb ihn an,
Er wollte, daß in großen Zügen,
In raschem Strom sein Leben rann.
Er mußte kämpfen, mußte wagen
Und überall der Erste sein
Und spann, gab's keinen Feind zu schlagen,
Sich einsam in Gedanken ein.
Und was ihm lang versagt in Waffen,
Das that er jetzt: im Losament
Wußt' er sich Bücher zu verschaffen
Und las Geschrift und Pergament.
Dort stand sein Schwert, der Schild daneben,
Den Helm jedoch, an Beulen reich,
Hatt' er zum Waffenschmied gegeben;
Im Friedenskleide, leicht und weich,
Schritt er nun heftig auf und nieder,
Von dem Gelesnen tief erregt,
Sah nach dem Buche immer wieder,
Daß er dort offen hingelegt,
Und trat zum Tische endlich, ballte
Die Faust in hellen Zornes Brand
Und drückte in des Buches Spalte
Sie auf die Schrift von Mönches Hand:
„Das Größte ist's, was je geschrieben,
Was jemals Menschengeist erdacht,
Ich muß ihn hassen oder lieben
Den Einen, der dies Buch gemacht!
Konnt' ihm so Herrliches gelingen,
Daß Eifersucht mein Herz beschleicht?
Und selber sollt' ich nichts vollbringen,

Was seinem Heldenschicksal gleicht?
Aus diesem Liede tönt ein Schmettern
Wie Schlachtruf und Drommetenklang,
Mich trifft's aus den geschriebnen Lettern
Wie Lanzenstich im Fehdegang.
Ich muß ihn sehn, der das gesungen,
Den Wettkampf biet' ich seiner Kraft
Scharf wie ich je mein Schwert geschwungen,
Wem der Gesang den Sieg verschafft."
Und der Gedanke ward sein Dränger,
Spornt' und verfolgt' ihn überall:
Wolfram von Eschenbach der Sänger
Und dieses Buch — der Parcival!

Er nahm Urlaub vom Herrscherpaare,
Und König Philipp sagte mild:
„Wie ich Euch Huld und Gunst bewahre,
Gedenket mein bei Helm und Schild!
Ich laß' Euch ungern ziehen, Ritter,
Das Wort, das Ihr zum Abschied sprecht,
Klingt nicht so gut, als wenn in Splitter
Ihr meiner Feinde Lanzen brecht.
Mit Euch sei Gott als Schirm und Retter
In Noth und Angst und Ungemach!
Und unsern lieben Freund und Vetter,
Herrn Hermann, grüßt in Eisenach."
Die Königin Irene neigte
Ihm sanft das Haupt: „Den Wunsch nehmt mit,
Daß Euer Herz den Weg Euch zeigte
Zu Eurem Glück, Herr, auf dem Ritt!"
Er schied, beklagt von Hof und Heere,
Doch frohen Muthes stieg er ein
Und setzte in des Schiffers Fähre
Mit Roß und Rüstung übern Rhein.

Im tiefen Walde, frühlingsprächtig,
Ertönte laut der Vöglein Schall,
Tannhäuser hört' es nicht, zu mächtig
Ging durch den Sinn ihm Parcival.
Nun ruhte er in einem Thale,
Den Sattel unters Haupt gelegt,
Und sah im Abendsonnenstrahle
Grüngoldne Wipfel windbewegt.
Da wiegte ihn des Laubes Schwanken
In sinnende Betrachtung ein,
Und Worte gebend den Gedanken
Sprach er im Wald mit sich allein:
„Wolfram! in allen Lebenssäften
Neid' ich Dir Deines Wortes Macht,
Die hohe Kunst in Meisterkräften,
Mit der so Großes Du vollbracht.
Mein halbes Leben ist verflossen,
Ich steh' erröthenden Gesichts,
Gestritten hab' ich und genossen,
Geschaffen aber hab' ich nichts.
Mich dünkt, ich schau' in einen Spiegel,
Aus dem ein Abbild zu mir spricht,
Wenn Deines tiefen Sinnes Siegel
Mein Herz nur ahnend, zögernd bricht.
Dein Held sucht in dem heil'gen Grale
Des wandelreinen Glaubens Muth,
Den ausströmt die smaragdne Schale,
Gefüllt mit des Erlösers Blut.
Ich blättre in dem Lebensbuche
Nach einem andern Zauberwort,
Und wie ich trachte, wie ich suche,
Irr' ich in Einfalt fort und fort.
Ich habe nirgends noch gefunden,
Was meines Herzens Zweifel löst,

Dacht' ich's zu halten, war's entschwunden
Und neues Leid mir eingeflößt.
Was aber soll mir ohne Dauer
Ein Glück, das kaum geboren, stirbt?
Was soll Genuß und Wonneschauer,
Den schon ein Augenblick verdirbt?
Beschwichtigt das die flammenheiße
Sturmwilde Sehnsucht? nein! die glüht
Stetig, wie unter Schneees Weiße
Des Aetnas rothes Feuer sprüht.
Umsonst forsch' ich im Drang der Sinne,
Der trügerisch mich reizt und quält,
Wo ist der heil'ge Gral der Minne,
Der selber sich den König wählt?
In seiner tapfern Pfleger Kreise,
Dem seine Obhut anvertraut,
Wär' ich der gläubigste Templeise,
Der sein Gefunkel je erschaut.
Wenn eine Urepanse ihn trüge,
Blieb' ich nicht stumm wie Parcival,
Ich spränge wohl empor und früge:
Ist dies die Burg? ist dies der Gral?
Denn wie Amfortas siecht an Wunden
Von jener blut'gen Lanze Schaft,
So kann mein Herz allein gesunden
Von Liebesnoth durch Liebeskraft.
Doch eine arme Herzeleide
War wohl auch die, die mich gebar,
Wohin ich zieh' im Eisenkleide,
Genesung find' ich nimmerdar.
Könnt' ich nach meinen Plänen schaffen
Die Welt, ich ließ' ihr die Gestalt,
Doch all dem Suchen, Hasten, Raffen
Macht' ich ein Ende mit Gewalt.

Ich wollte leben, was ich dichte,
Gedanken, flüchtig wie die Zeit,
Die sollten mir vorm Angesichte
Erstehn zu schöner Wirklichkeit.
Mir aber ist auf dieser Erde
Das Köstlichste die Lust am Weib,
Und bis sie ganz mein eigen werde
Ist meines Friedens kein Verbleib.
Ich will ein König aller Minne,
Ein Herrscher sein in ihrem Reich,
Und was ich siegend mir gewinne,
Sei nicht gemeinem Loose gleich.
Mit kühnem Hoffen, süßen Träumen
Ist mein Begehr nicht abgespeist,
Mir soll ein Meer von Wonnen schäumen,
Von Kraft durchstürmt, von Lust umkreist.
Ich ruhe nicht, bis ich im Leben
Erkannt der Liebe tiefsten Grund,
Und will der Himmel mir's nicht geben,
So such' ich's in der Hölle Bund!" —

Die Sterne waren aufgegangen,
Im Busche sang die Nachtigall,
Tannhäuser sann, halb schlafbefangen,
Noch immer über Parcival.
Dann schlief er ein im grünen Walde,
Er und sein Schimmel unterm Baum,
Und über seine Seele balde
Zog hin ein wundersamer Traum.
Es war von einem Glanz erfüllet
Das Thal, und über Gras und Thau
Kam göttergleich, nur halb verhüllet,
Daher geschwebt die schönste Frau.
Sie schaut' ihn an mit heißen Blicken

Und winkte rückwärts mit der Hand,
Er sah sie lächeln, sah sie nicken,
Bis sie in Dunst und Nebel schwand. —
Früh Morgens legt' er Zaum und Zügel
Dem edlen Rosse wieder an,
Doch als in Sattel er und Bügel,
Trug ihn der Schimmel nicht hindann.
Nicht von der Stelle wollt' er weichen,
Er bäumte sich und schnob und blies,
Bis er von scharfen Sporenstreichen
Sich endlich überreden ließ.
Und als sich unterm Laub der Wipfel
Durch das Gebüsch der Reiter wand,
Zupft' ihn nochmal am Mantelzipfel
Der wilden Rose Dornenhand.
„Was soll's? liegt hier ein Schatz vergraben,
Bewacht von einem Traumgesicht?
Will darum nicht der Schimmel traben?
Es schmerzt, wenn eine Rose sticht;
Doch weiter nur in flinken Sätzen,
Lieb Rößlein, das mich fürbaß trägt,
An Rosen mehr, als goldnen Schätzen
Hängt Einer, der die Harfe schlägt."
So lacht' er sorglos und ritt weiter
Im hellen Frühlingssonnenschein
Und athmete erfrischt und heiter
Thüringer Waldluft freudig ein.
Bald kam er in der Ruhl zur Schmieden
Ludwig des Eisernen: „Grüß Gott,
Mein Handwerk, das ich lang gemieden!
He, Meister! leih' zu Spaß und Spott
Mir Deinen Schurz und laß zur Stelle
Jetzt einmal mich am Amboß stehn,
Ein ritterlicher Schmiedgeselle

Ist etwas, was Du nie gesehn."
So rief er, faßte mit der Zange
Das rothe Eisen kunstgerecht
Und schmiedete mit hellem Klange,
Daß Meister lächelte und Knecht.
„Da nehmt's! mit Lust hab ich erprobet,
Was einstens mich die Noth gelehrt,
Das Handwerk aber sei gelobet,
Das euch ernährt und mich bewehrt!"
Mit diesem Gruß stieg er zu Rosse,
Und eh' die nächste Stunde schwand,
Kam er vorüber einem Schlosse,
Das auf belaubtem Kegel stand.
Es sah da oben aus den Zweigen
So gastlich, ritterlich hervor
Und lud und lockte ihn so eigen
Zu seiner Einsamkeit empor, —
Doch weiter ritt er stets zur Seiten
Dem muntern Erbstrom durch das Thal,
Und als sich's aufschloß, sah er breiten
Sich einen Berg dort öd' und kahl.
Daß der allein so baumlos ragte,
Sein langer Rücken nackt wie Stein,
Däucht' ihm doch seltsam, und er fragte
Am Weg ein altes Mütterlein.
„Den kennt Ihr nicht?" versetzt' die Alte,
„Ei, Herr! der lohnt schon einen Gang,
Der lebt! aus einer Felsenspalte
Tönt immerwährend Sang und Klang.
Das ist der Hörselberg, da hauset
Frau Venus drin und tollt und lacht
Mit ihrem Volk, da saust und brauset
Der Minne Lust bei Tag und Nacht."
„Frau Venus?!" — und der Ritter starrte

Bald nach dem Berg, bald ins Gesicht
Der Alten, ob sie ihn nicht narrte,
Dann ritt er fort und dankt' ihr nicht.
„So wär' ich ihrem Zauberkreise,"
Sprach er, „so nahe schon gerückt,
Daß wohl aus meinem Lebensgleise
Ein Sprung zu ihr hinüber glückt?
Wenn ich's versuchte! wenn ich's wagte!
Sie hat mir diese Nacht gewinkt;
Bekäm' ich Antwort, wenn ich fragte,
Wo man am Quell die Minne trinkt?"
Des Berges finstres Aussehn warnte
Sein Herz vor dem verwegnen Schritt,
Doch stärker ward, was ihn umgarnte,
Je näher er dem Berge ritt,
Der sich so breit und hoch da baute
Und in dem hellen Sonnenlicht
Unheimlich doch und trostlos graute
Verwitternd in Geschieb' und Schicht.
Dort Regenrinnen, Risse, Brüche, —
Wo mag der Tiefe Oeffnung sein?
Und welches Zaubers, welcher Sprüche
Bedarf es wohl zum Gang hinein?
So frug Tannhäuser im Betrachten
Des Berges, den er unverwandt
Im Blick hielt, ohne zu beachten,
Daß auf der Straße rechter Hand,
Die sich verband mit seinem Wege,
Wo eines Bächleins Wasser floß,
Zwei andre Ritter sich dem Stege
Gewappnet nahten, hoch zu Roß.
Jetzt sah er sie schon dicht, sie trugen
So wie er selbst rücklings den Schild,
Nicht konnten sie, nicht er erlugen

Das gegnerische Wappenbild.
Die Fähnlein flatterten mit Rauschen,
Die Hengste waren reich geschirrt,
Es hingen an den Sattelbauschen
Die blanken Helme, stahlumklirrt.
Sie schienen wackre Kämpen beide,
Zumal der Aeltre groß an Kraft
Und wie ein Schwert in seiner Scheide
Unnahbar stolz und heldenhaft.
Von sorgenden Gedanken zeugten
Die Furchen der gewalt'gen Stirn,
Es traf der Augen dunkles Leuchten
Wie doppelt strahlendes Gestirn.
Sie hielten, ob's nun wohl zum Streite
Und an ein scharfes Stechen ging,
Da sahen sie, daß an der Seite
Des Fremden eine Harfe hing.
Froh grüßten sie mit Lanzenschwingen
Den Sänger, und er sprach sogleich:
„Ich bin Heinrich von Osterdingen,
Mein Heimatland ist Oesterreich."
„Tannhäuser!!" — wie aus einem Munde
Erklang der Beiden Jubelruf,
„Gelobt, gesegnet sei die Stunde,
Die uns so hohe Freude schuf!"
„Ich heiße Biterolf," erklärte
Der Jüngre unter Schildesdach,
„Und ich," sprach klangvoll sein Gefährte,
„Bin Wolfram von Eschenbach."
Da stieg und sprang Tannhäusers Schimmel,
Weil seines Reiters Sporn ihn stach,
Als wie ein Sonnenstrahl vom Himmel
Hervor der große Name brach.
Tannhäuser sah den Sängerfürsten

Vor sich, den Schöpfer Parcivals,
Wie stillt' er nun der Neugier Dürsten!
Wie flög' er gern ihm an den Hals!
Ihm stets ins Auge mußt' er sehen,
Gebannt von seines Blickes Macht,
Und wagte nicht, ihm zu gestehen,
Daß er auf Kampf mit ihm bedacht.
„Laßt mich in Euch, Herr Wolfram, grüßen,"
Rief er, „Eu'r schönes Bayerland,
Wo früh schon zu der Alpen Füßen
Des deutschen Sanges Wiege stand!" —
Herr Biterolf und Wolfram kamen
Zurück von einem Waffenspiel,
Und die drei edlen Ritter nahmen
Nun ihren Weg zum gleichen Ziel.
Viel Fragen gab es und Belehren,
Und Jeder war mit Höflichkeit
Bestrebt, den Andern hoch zu ehren,
Im frohen Plaudern schwand die Zeit.
Und endlich bei der Sonne Sinken
Sahn sie in goldnem Abendglanz
Vom waldumrauschten Berge winken
Der Wartburg stolzen Zinnenkranz.

III.

Auf der Wartburg.

Ein Waldeskleinod im Thüringerland,
Blinkt wie ein Helm, von Eichen umlaubt,
Mit zinnengekröntem Mauerband
Die Wartburg von des Berges Haupt.
Palas und Thürme, felsengetragen,
Der steile Wall und das dunkle Thor,
Die Giebel und die Söller ragen
Ueber dem grünen Laube empor.
Weit sichtbar von erhöhtem Stand
Funkelt's wie lichter Schildesrand,
Wenn Abends in der Fenster Reihn
Goldroth sich spiegelt der Sonne Schein.
Hornruf ertönt und Heroldsgruß,
Es scheiden und es kommen wieder,
Das Schwert am Gurt und Sporn am Fuß,
Viel edle Gäste auf und nieder.
Sie kommen aus allen Winden gefahren,
Die Einen zu Fuß, die Andern zu Roß,
Ritter und Sänger und Spieler in Schaaren,
Und alle sind sie willkommen im Schloß.

Der Landgraf Hermann war stets bedacht
Auf seines Hauses selbständige Macht,
Geehrt, gefürchtet im deutschen Reich
Als unabhängig und stark zugleich,
Doch Freund der Sänger, der für und für
Ihnen geöffnet hielt Thor und Thür,
Freigebig, verschwenderisch über die Maßen,
Daß seiner Huld sie nimmer vergaßen.
Die Größten und Besten um sich zu haben
War seine Freude, sein Stolz und Ruhm,
Ihm däuchten des Sängers göttliche Gaben
Wohl mehr, als Adel und Ritterthum.
Er war zu Paris auf der hohen Schule
Mit jeglichen Wissens Nahrung gespeist,
Nie saß auf einem Herzogsstuhle
Ein feinerer und gepflegterer Geist.
Er gab aus fremden Mären und Sagen
Den Sängern manchen willkommenen Stoff
Zu dichten, zu bilden, zu übertragen,
Daß auf der Burg viel Tinte troff.
Verborgen hielt er in seiner Truhe
Geschriebene Schätze, die er besaß,
Nie schloß er die Augen zur nächtigen Ruhe,
Eh' daß er lange in Büchern las.
Landgräfin Sophie, sein zweites Gemahl,
Von vierzig Edelfrauen umgeben,
War ihm nach seines Herzens Wahl
Genossin in seinem hohen Streben.
Sie hielten Hof mit fürstlichem Glanze,
Es sonnte in der Beiden Gunst,
Gehegt, geschmückt mit jedem Kranze
Sich meisterliche Sangeskunst.
Und Meister auch von Gottes Gnaden,
Ob ritterbürtig oder nicht,

Waren allzeit zur Burg geladen,
Gastrecht des Sängers war Fürstenpflicht
Hier hatte Heinrich von Veldeck gesungen,
Der „impfete das erste Reiß
In unsre deutschen Liederzungen,"
Draus Blumen sprossen reihenweis.
Nun war er todt und fehlte im Bunde,
Doch hauste unter dem schirmenden Dach
Noch eine stattliche Tafelrunde.
Vor Allen Wolfram von Eschenbach
Und Walther von der Vogelweide,
Reinmar von Zweter und Biterolf,
Ein Thüringer, der im Jägerkleide
Am liebsten pirschte auf Eber und Wolf.
Herr Heinrich, auch vom Ritterstande,
Der „tugendhafte Schreiber" genannt,
Doch wie als Sänger im ganzen Lande
So auch als strenger Wappner bekannt.
Der Herzog von Anhalt, der Enkel des Bären,
Albrecht von Halberstadt, der Scholast,
Der die Verwandlungen und Mären
Ovidii Nasonis deutsch verfaßt.
Herbort von Fritzlar, der vom Rauben
Gesungen der schönen Spartanerfrau
Das Lied von Troje, und Botenlauben,
Graf Otto, vom Grabfeld im Hennegau.
Und Manche noch aus deutschen Landen,
Gar hochversippt mit altem Geschlecht,
Die sich auf Strophenbau verstanden
Wie auf Turnier und Fehderecht.
Doch litten auch Spielleut und fahrende Singer
Mit Fiedel und Laute keine Noth,
Und jeder lustige Liederbringer
Fand da sein reiches Botenbrot.

4 *

Es regnete Spenden und gute Tage,
Bald klang die Harfe, bald krachte der Speer,
Es drängten sich Feste und frohe Gelage,
Und niemals wurden die Becher leer.

Tannhäuser kam zu rechter Stunde,
Auf Du und Du sogleich begrüßt
Von dem erfreuten Sängerbunde,
Doch mit dem Vorwurf auch gebüßt,
Daß er der Ihre nicht seit Jahren,
Denn Alle wünschten ihn herbei,
Aus eignem Urtheil zu erfahren,
Ob seines Ruhms er würdig sei.
Er sprach: „Ich bin daher geritten,
Um Einen unter Euch zu sehn,
In Tag und Traum hab' ich gestritten,
Nur diesen Einen zu bestehn.
Wolfram, Du bist's! was Du geschaffen,
Dein Parcival läßt mir nicht Ruh,
Bis wir versucht mit gleichen Waffen,
Wer stärker ist, ich oder Du!
Dich preis' ich, doch vor Dir erniedern
Will ich mich nur nach hartem Strauß,
Wenn Du mir obsiegst nun in Liedern,
Und Alle fordr' ich euch heraus!
Kommt an! laßt uns zum Kampfe schreiten
Um Sängerruhm! hoch ist der Kauf,
Für den wir im Gesange streiten,
Der Handschuh liegt! wer nimmt ihn auf?"
Sie blickten finster; Wolfram sagte:
„Tannhäuser, das sei Gottbewahrt!
Du weißt, daß ich den Kampf schon wagte,
Denn Schildesamt ist meine Art.
Doch hört' ich nimmer, daß man fechte,

Sei's Schimpfes halb, sei's ernst gemeint,
Um sichere, unbestrittne Rechte,
Nach denen kein Gekränkter weint.
Freu' Dich der leicht gepflückten Rosen,
Die Dir zum Kranz die Minne flicht,
Den meinen dank' ich dunklern Loosen,
Und Du entwindest ihn mir nicht." —
Der Minne Kränze, leicht geflochten!?
Ward ihm hier Spott und Hohn zu Theil?
Sein Wappenspruch ihm angefochten?
Und stecken blieb der bittre Pfeil.
Doch Walther von der Vogelweide
Bot herzlich ihm die Freundeshand,
Daß nach dem zugefügten Leide
Gemach des Unmuths Wolke schwand:
„Wir weigern Dir die hohe Wette,
Doch unsre Massenie gebeut,
Daß uns bei froher Sangeswette
Jedweder Liedermund erfreut.
Doch laß Dich anschau'n, Mauernstürmer!
Mir klang's wie Ahnung, als es blies
Und mit des Hornes Gruß der Thürmer
Uns einen neuen Gast verhieß.
Hast Dir erkämpft ein tüchtig Leben
Und baß gelernt die Welt durchziehn,
Seit Du bei Leutold auf Burg Seben
Schriebst Deinen prächtigen Luarin.
Mich dünkt, Du wurdest stärker, größer,
Im Antlitz ernster, mehr gebräunt,
Der sieggewohnte Lanzenstößer
Vergaß doch nicht den alten Freund?"
  „O Walther! Deiner zu vergessen!
Du sorgst wohl, daß man Dein gedenkt,
Wenn sich wie Schwertschwang wohlgemessen

Dein Lied auf Papst und Pfaffe senkt!
Mit beiden Händen will ich's schwören:
Mein Herz hielt Dir der Treue Wacht,
Und hier von Reinmar kannst Du hören,
Wie Deiner ich in Wien gedacht."
„So warm, so mit der Liebe Schwingen,"
Sprach Reinmar, „und in Wort und Lied,
Wie seiner wir, als Ofterdingen
Vom Babenberger Hofe schied."
Auf Herzog Leopold nun kehrte
Sich das Gespräch, Tannhäuser pries
Ihn hoch und höher und belehrte,
Warum er gloriosus hieß.
„Er ist wie Blumenglanz auf Matten,"
Sprach er, „an jeder Tugend reich,
Vor ihm sind alle Fürsten Schatten,
Er aber ist der Sonne gleich."
Die Sänger hörten in dem Bilde
Des Lobes Uebermaß nicht gern
Und traten ein für Hermanns Milde
Und rühmten sein Thüringens Herrn.
Herr Walther sprach: „Wie Tag des Maien
Scheint Hermanns Milde fern und nah,
Die Pfaffen sagen's und die Laien
Und aller Lande Chronica.
Wie vor dem hohen, lichten Tage
Der Schein der Sonne stumm und bleich,
So unserm Herrn steht in der Wage
Auch nach der Held von Oesterreich."
Sie kamen schärfer noch ins Streiten,
Da trat der Landgraf selbst herzu
Und bracht' ihr heftig Ueberschreiten
Mit lächelndem Gesicht zur Ruh.

Der Sänger und sein Schimmel fanden
Bei einem Wirth in Eisenach,
Vor dessen Hause Linden standen,
Herberg und wohnliches Gemach.
Von da konnt' er die Wartburg sehen
Und ließ nun, ruhend auf der Bank,
Im Geist an sich vorüber gehen
Wort und Begegniß beim Empfang.
Fast reut' ihn, daß er aufgelodert
Im Kreis der edlen Sängerzunft
Und daß er sie herausgefodert
Gleich in der Stunde seiner Kunst.
Doch war er nicht daher gekommen
Zu einem Wettkampf und Gericht?
Hatt' ihm nicht Fried' und Ruh genommen
Wolfram von Eschenbachs Gedicht?
Sollt' er den Größern anerkennen
In seiner Kunst und Meisterschaft,
So mußt' er sich den Kleinern nennen
In seiner selbstbewußten Kraft.
Das mocht' er nimmer sich gestehen
In ruhmesstolzem Widerstreit,
Ihn sollte Sturm und Blitz umwehen
In höchsten Gipfels Einsamkeit.
Eh' wollt' er Blut und Leben wagen,
Unsieg und Schmach und Untergang,
Als in der Brust den Zweifel tragen,
Ob überwindlich sein Gesang.
Er mußte sich mit Jenen messen
Sobald gelegen Zeit und Ort,
Aufs Neu beschloß er's, unvergessen
War ihm im Herzen Wolframs Wort.
Wie wies ihn der mit seinem Singen
In Schranken, die er kaum geahnt.

Und die er doch zu überspringen
Seit seiner Jugend schon geplant!
Noch lockte ihn ein Ziel auf Erden:
Ein Minnesänger war er nur,
Ein Heldensänger wollt' er werden,
Und vor ihm lag des Weges Spur.
Wie Zwerge Riesen nicht erreichen,
Ließ Luarin in keinem Fall,
Der Zwergenkönig, sich vergleichen
Mit dem Gralkönig Parcival.
Doch was in seines Busens Falten
Noch ungeboren, schlummernd lag
Mit traumhaft dämmernden Gestalten,
Das drängte mehr und mehr zu Tag.
Schon wob und keimt' es in der Hülle,
Gemischt aus alter Mären Saat
Und seines eignen Lebens Fülle
Zur großen, dichterischen That.
Doch immer schob er's noch ins Weite,
Vor dem sein Auge noch getrübt,
Als wär' ihm zu dem höchsten Streite
Die Kraft noch nicht genug geübt.
Und Wolfram hatte Recht mit Schelten,
Ließ er wie bunten Blüthenstaub
Die kleinen Minnelieder gelten,
Wenn oben rauscht der Eiche Laub.
So freudig hatt' er sie gesungen,
Sie waren ihm in Lust und Leid
Wie Rosenknospen aufgesprungen,
Er sah sie an wie Schmuck am Kleid.
Sollt' er den eignen Ton verklagen?
Sollt' er sein holdes Saitenspiel
Am harten Felsblock nun zerschlagen,
Weil's einem Andern nicht gefiel?

Er war derselbe doch geblieben,
An dessen hohem Schildesrand
Um eine Rose ja geschrieben
„Der Minne Sang und Sehnen!" stand.
Das Sehnen war ihm noch zu eigen
In unersättlich heißem Drang,
Und also wollte er verschweigen
Auch nicht der Minne süßen Sang,
Bis er geschaffen und gesungen
Das eine große, letzte Lied,
Und wäre ihm dabei bedungen,
Daß aus der Welt er damit schied.
War selbst aus einer Göttin Munde
Der sel'gen Mutter doch vertraut
Prophetisch seines Schicksals Kunde;
Wußt' er noch jener Worte Laut?
„Was einst er schafft, wird noch bestehen
In später Nachwelt riesengroß,
Des Schöpfers Name wird verwehen,
Und dem Kometen gleicht sein Loos."
Schon glaubte er an das Gelingen
Mit fester, stolzer Zuversicht,
Auf ferne Nachwelt würd' er's bringen,
Das Werk, — doch seinen Namen nicht?
War's Götterwille denn, daß weder
Er selbst seh' seines Ruhmes Glanz,
Noch eines armen Schreibers Feder
Spät einst ihm rette seinen Kranz?
Ihm ward in weiterer Betrachtung
Bei ruhigerem Blute klar,
Wie man mit Freundlichkeit und Achtung
Ihm auf der Burg begegnet war.
Das wollt' er herzlich auch erwiedern
Den Sängern und den Bund erneu'n

Und unverkümmert sich an Liedern,
Den ihren und den seinen freu'n.
Zeit war's, zur Burg hinan zu steigen,
Die schon von Dämmrungshauch umschwirrt,
Wo ihn zu frohen Festes Reigen
Erwartete der edle Wirth.

Er wandelte mit langem Schritte
Nachdenklich über Moos und Stein
Und schaute von des Berges Mitte
Zurück ins grüne Thal hinein.
Das zog sich dort um die Gelände
Und krümmte sich in tiefer Bucht,
Verengt durch schroffe Felsenwände,
Zur grausig wilden Drachenschlucht.
Tannhäuser spähte nach dem Grunde,
Von Abenteuerlust bewegt,
Ob nicht versteckt im finstern Schlunde
Ein Lindwurm, den er gern erlegt,
Ob nicht im unterhöhlten Berge
In neidisch eifersücht'ger Hut
Der starken unsichtbaren Zwerge
Ein Hort von rothem Golde ruht.
Und wandte er den Blick zur Linken,
Sah fern er über Stadt und Damm
Gespensterhaft herüber winken
Des Hörselberges öden Kamm.
Dort hauste sie, die aller Liebe
Und aller Schönheit Königin,
Ihn zog's mit einem dunkeln Triebe
Zu dem verwunschnen Berge hin.
Wüßt' er die rechten Losungsworte,
Vor denen Ring und Riegel bricht,
Er klopfte dreist an ihre Pforte

Und träte vor ihr Angesicht,
Um sich die Augen voll zu schauen
An ihres Leibes Götterpracht
Und an der Brust der schönsten Frauen
Zu ruhn, zu träumen Tag und Nacht.
Dann würde wohl von ihrem Munde
Manch Räthsel lächelnd ihm gelöst
Und flüsternd die geheimste Kunde
Vom Weibesherzen eingeflößt.
In glühnden Bildern sich verlierend,
Die die Erinnrung ihm geweckt,
Blieb er zum Berg hinüber stierend,
Bis ein Geräusch ihn aufgeschreckt.
Da sah er nahe seinen Wegen
Bergauf, daß Wolfram wartend stand,
Und eilend ging er ihm entgegen
Und bot ihm freundlich Gruß und Hand.
„Du blicktest in das Thal hernieder,"
Sprach Wolfram, „wie ich oft schon that,
Und auf dieselben Fragen wieder
Fehlt mir die Antwort und der Rath.
Siehst Du den ersten Stern dort schimmern,
Im unermeßlich tiefen Blau
An seinen Ort gehängt beim Zimmern
Des ewig großen Weltenbau?
Die Erde grünt, Planeten weben,
Und endlos spinnt sich fort der Traum,
Sag' mir: an welchen Fäden schweben
Die Sterne in dem Himmelsraum?
Glaubst Du, daß dort auch Wesen wohnen
Auf jenem Eiland in der Luft,
Sich Untreu rächen, Liebe lohnen,
Ihr Haus sich bauen und die Gruft?
Daß Freuden blühen, Schmerzen wüthen

In Daseinslust und Lebenslast
Und Menschenhirne einsam brüten,
Was doch kein Menschengeist erfaßt?
Meinst Du, daß sie den Schöpfer kennen
Von Erd' und Himmel, Pflanz' und Thier,
Auf ihren Knie'n ihn betend nennen
In Glaubensdemuth so wie wir?
Ja? oder müssen sie erwerben
Das Reich durch Christus, unsern Herrn?
Schwingt, um millionenmal zu sterben,
Sich Gottes Sohn von Stern zu Stern? —
Denk' aus die schauernden Gedanken,
Und wenn Du je darüber sannst
Fuß fassend in des Grundes Schwanken,
So gieb mir Antwort, wenn Du kannst.
Doch was Du riethest auch und fandest,
Der Sinn ist aller Welt zu tief,
Vielleicht, daß während Du dort standest,
Dir Gleiches durch die Seele lief."
Tannhäuser staunte fast verwirret;
Ihm diese Fragen! dessen Geist
Sich eben noch so weit verirret,
Von üpp'ger Weltlust nah umkreist.
„Wer dringt in Gottes Heimlichkeiten?
Ein weiser Engel könnte nur,"
Sprach er, „die Antwort Dir bereiten,
Doch Keiner, der auf ird'scher Flur
Einherstürmt ohne Zaum und Zügel,
Vom Trost des Augenblickes lebt
Und mit dem staubbedeckten Flügel
Dem Falter gleich um Blüthen schwebt.
An Allem haft' ich, was die Erde
Schmückt und umkränzet lebensvoll,
Und frage nicht, woher das Werde

Am ersten aller Tage scholl.
Hier mit gewachsnen Wurzeln stehen
Die Blumen, wo die Quelle springt,
Hier mit geschwinden Schritten gehen
Die Menschen, wo der Vogel singt.
Hier trägt mich hochgemuth zum Streite
Mein Roß, hier winkt mir Dank und Lohn,
Hier klirrt und klingt mir an der Seite
Des Schwertes Wucht, der Harfe Ton.
Ich freue mich der goldnen Siegel,
Die auf das dunkle Blau gedrückt,
Wie ihres Glanzes holder Spiegel
In schönen Augen mich entzückt.
Und jedes freundliche Begegnen,
Womit das Glück die Stunde ziert,
Und jede Freude will ich segnen,
Die mir ein Erdentag gebiert.
Hier, wo die Bäume Schatten geben,
Und nicht auf luft'gem Wolkensteig
Ruft mich die Kunst, grüßt mich das Leben
Und grünet in der Sinne Zweig."
„So trennen früh sich unsre Pfade,"
Sprach Wolfram, „meiner endet dort
Am Urquell aller Kraft und Gnade,
Du klebst am Staube fort und fort.
Bedenkst nicht, daß wo Feuer lodert,
Ein Häuflein Asche balde liegt,
Und daß der Leib schon morgen modert,
Der gestern Dich in Lust gewiegt.
O folge mir! aufs Höchste richte,
Aufs Unvergängliche den Blick,
An Gottes Thron, in seinem Lichte
Ruht Dein unsterbliches Geschick."
„Geblendet würd' ich von dem Strahle,

Träf' er mich hier im Erdenthal,
Du suchst noch immer nach dem Grale
Wolfram, Du selbst bist Parcival,
Ein reicher König, glanzumflossen,
Dein Wissen ist wie Adlerflug,
Vergeblich wirbst Du um Genossen
Zu Deines Geistes Himmelszug."

„Ich kann nicht lesen, kann nicht schreiben,
Und hohes Wissen ist mir fern,
Mein Glaube aber soll mir bleiben,
Und ich vertraue meinem Stern."

„Das thu' ich auch! wer soll entscheiden,
Ob Du Recht hast in unserm Streit,
Hier zu entsagen und zu leiden
In Hoffnung künft'ger Seligkeit,
Ob ich das beßre Loos gezogen,
Wenn reichlich mir des Schicksals Hand
Des Lebens Schönheit zugewogen
In der Frau Minne Zauberland."

„Das wird entschieden an dem Tage,
Da laut der Engel Blasen klingt
Und Jeder seine Schuld und Klage
Vor den langmüth'gen Richter bringt.
Dann hörst Du seine Stimme sprechen,
Die überbraust der Hörner Schall,
Vom Gegenstoß die Felsen brechen,
Die Wolken donnern Widerhall.
Ein Feuer kommt, die Luft verbrennet,
Und Stürme rasen durch das Rund,
Die ganze Erde wird getrennet,
Die Berge stürzen in den Grund.
Doch ruhig stehen die Gerechten,
Die seiner Lehre nach gethan,
Dem Allbarmherzigen zur Rechten

Und schau'n des Himmels Wonne an.
Dann wehe, wenn Du ausgeschieden
Und bei der Seligkeit Verlust,
Von allen Heiligen gemieden,
Des Urtheils Spruch vernehmen mußt,
Daß Du in Ewigkeit verdammet,
Weil Du die Welt zu sehr geliebt,
Dein Herz in Sünden hast entflammet,
Für die es keine Buße giebt!" —
Tannhäuser schwieg, ein heimlich Grauen
Fühlt' er vor dem gewalt'gen Mann,
Der ohne wieder aufzuschauen
Schritt neben ihm den Berg hinan.
Er war im Innersten betroffen
Von Wolframs überlegnem Ton,
Und wie der Höllenrachen offen
Stand ihm des Weltgerichtes Droh'n.
Gedanken fingen an zu rütteln
An seines Fahrzeugs hohem Mast,
Und er versuchte abzuschütteln
Der drückenden Beklemmung Last.
Was hatt' er denn so schwer gesündigt,
Was denn so Großes zu bereu'n,
Daß alle Gnad' ihm aufgekündigt,
Daß er gerecht Gericht zu scheu'n?
Glich er dem leicht gelenkten Knaben
Beim Klausner noch im wilden Tann?
War er nicht selbst voll Kraft und Gaben
Ein kampfgestählter Rittersmann?
Wer wollt' ihn noch zu fürchten machen
Vor Arglist und Gefahr der Welt?
Sollt' er jetzt wie beim Traumerwachen
Noch auf den Scheideweg gestellt,
Die lustgeschwellten Segel streichen

Vor eines Andern rauher Bahn,
Der auch nur Mensch und seines Gleichen,
Wie er dem Irrthum unterthan?
O nimmermehr! noch Vieles schuldig,
War ihm die Welt, und er bestand,
Ein Gläub'ger, hart und ungeduldig,
Auf Zahlung aus des Schicksals Hand.
Und nicht Almosen zu empfangen
Wollt' er beim Glücke betteln gehn;
So weit wie seine Wünsche drangen
In seines Minnegehrens Lehn,
Wollt' er sich selbst den Sieg erstreiten
Mit stolzer, rücksichtsloser Kraft
Und Alles vor sich niederreiten,
Was hemmte seine Leidenschaft.

Tannhäuser grübelte nicht länger,
Verflogen war, was ihn umbangt,
Als mit einander die zwei Sänger
Am hohen Burgwall angelangt.
Sie schauten um; am Hörselberge
Stieg feuerroth der Mond empor, —
Da öffnete des Wächters Scherge,
Und beide schritten durch das Thor.

IV.

Das Wiedersehen.

Bunt wogt es in der Wartburg Hallen,
In Prunkgemach und Rittersaal
Die Geigen und die Flöten schallen,
Und festlich glänzt der Kerzen Strahl.
Von Rittern, Sängern, holden Frauen
Ist da ein reich geschmückter Kreis,
Die blonden und die schwarzen Brauen
Bestreiten sich der Schönheit Preis.
Es schillert und es rauscht in Falten
Scharlach, Pfellel, Siglat und Sammt,
Truchseß und Seneschall verwalten
Und Schenk ihr vielgeschäftig Amt.
Fürstlichen Hofes Ingesinde
Vermischt sich mit der Gäste Schwarm,
Und Edelknaben, blühende Kinde,
Kredenzen, Kann' und Krug im Arm.
Es tönt ein Summen und ein Klingen
Von Plaudern, Lachen, wohlgethan,

Als Eschenbach und Osterdingen
Nun als die beiden Letzten nahn.
Doch da verstummt's in weitem Kreise,
Und Jeder reckt sich im Genick,
„Der ist es!" heißt es ringsum leise,
„Der mit dem tiefen, heißen Blick!"
Der tugendhafte Schreiber sagte:
„Ei nun, ihr Herrn! woher so spät?
Schon manches Rosenmündlein fragte
Nach euch und that ein Stoßgebet.
Habt ihr am Himmel nachgemessen,
Wie Stern an Stern vorüberrauscht?
Habt ihr in süßem Selbstvergessen
Dem Lied der Nachtigall gelauscht?"
Bedeutsam schauten die Gefragten
Einander bei dem Gruße an;
Tannhäuser lächelte: „Wir jagten
Ein edles Wild, das eilend rann.
Durch Felsgeklüft der Eine spürte
Auf hohen Gipfeln, schroff und kahl,
Den Andern in die Blumen führte
Die Fährte wonniglich zu Thal."
„Ein Räthsel!" rief der Tugendhafte,
„Nun, Bitrolf, der Du Waidmann bist,
Wie lösest Du aus diesem Hafte
Der fährtekund'gen Jäger List?"
„Mich dünkt," sprach Biterolf, „sie taugen
Zur Jagd nicht auf dasselbe Wild,
Ein Jeder sieht's mit seinen Augen
Wie ein nur ihm geträumtes Bild."
„Getroffen, Schütze! Jeder kürte
Sich selbst den Weg," fiel Wolfram ein;
Der tugendhafte Schreiber führte
Tannhäuser durch der Gäste Reihn.

Wie stattlich floß ihm um die Glieder
Und um des Körpers schlanken Bau
Der Rock weit übers Knie hernieder
In lichtem, farbensattem Blau,
Kostbar mit Marderfell umzirket,
Gefüttert ganz mit Hermelin,
Die Aermel aber, golddurchwirket,
Von safrangelbem Baldekin.
Am breiten Gurt mit edlen Steinen
Hing ihm das Schwert und rechts der Dolch,
Schön sah er aus, und sein Erscheinen
Hatt' Aller Blicke im Gefolg.
Der Schreiber nannte ihm die Namen
Der Herrn, von Festeslust umrauscht,
Und wo die Zwei vorüberkamen,
Ward ritterlicher Gruß getauscht.
Der Landgraf winkte schon dem Sänger,
Darauf bedacht mit allem Fleiß,
Hinfort den stolzen Schlachtengänger
Zu fesseln in des Hofes Kreis.
„Ich hab' Euch immer schon geliebet,
Es war, als fehlte mir ein Stern
Im Kranze," sprach er, „denn Ihr bliebet
Zu lange schon der Wartburg fern.
Doch jetzt seid Ihr der Unsern Einer,
Ich halt' Euch, Ritter, wie ich kann,
Und jeder Wunsch von Euch ist meiner
In Freuden, daß ich Euch gewann."
Tannhäuser mußte nun berichten
Von der zwei Kön'ge letztem Krieg,
Und ob der Papst, den Streit zu schlichten
Geneigter sei nach Philipps Sieg.
Der Landgraf sagte, daß er lange
Von Philipps Freundschaft sich entwöhnt,

Bis sie nach heißem Waffengange
Zu Ichterhausen sich versöhnt,
Nachdem die Gärten Erfurts büßten,
Zertreten war Thüringer Land,
Denn schrecklich hauste mit Verwüsten
Des Böhmen räuberische Hand.
„Drum,“ fuhr er fort, „kann ich's nicht hindern,
Daß Manche noch aus meinem Lehn,
Von meinen lieben Landeskindern
Auf König Otto's Seite stehn.“
Tannhäuser gab dem Fürsten Kunde,
Wie freundlich Philipp ihm gewillt
Und daß im festen Friedensbunde
Der alte Groll durchaus gestillt.
Deß war der Landgraf froh, und dankend
Entließ er den willkommnen Gast,
Der sich im Saale umsah, schwankend,
Wohin sich wenden im Palast.
Zur Fürstin lenkte er die Schritte,
Die von der schönsten Frauen Schaar
Umgeben war nach höf'scher Sitte;
Doch wie er auf dem Wege war,
Trat auf ihn zu ein Edelknabe
Und raunte: „Herr, gebt mir Bescheid,
Ob Ihr, an den ich Botschaft habe,
Der Ritter Ofterdingen seid.“
Und weiter, als der Ritter nickte,
„Dann folgt mir ohne Aufsehn nach,
Denn eine Frau ist's, die mich schickte
Und Eurer wartet im Gemach.“
Tannhäuser lachte: „Kind, Du irrest!
Ich kenn' am Hofe keine Frau,
Wenn suchend Du den Saal durchschwirrest,
So halte beßre Minneschau!“

„Ich soll Herrn Heinrich Ofterdingen,
Der auch Tannhäuser zubenannt,
Zu der viel edlen Fraue bringen,“
Sprach noch einmal der junge Fant.
  „So sage mir, wer ist die Dame,
Die meiner heimlich hier begehrt?“
Der Knabe lächelte: „Der Name
Bleibt Eurer Neugier noch verwehrt.“
Der Ritter schüttelte verwundert
Und sah den Knaben forschend an:
„Ein Irrthum ist's, eins gegen hundert!
Doch meinetwegen, — geh voran!“

Tannhäuser wurde in ein Zimmer
Geleitet, das entlegen gar
Dem Festsaal und von Kerzenschimmer
Fast tageshell erleuchtet war.
Hier sah er einer schönen Frauen
Sich plötzlich gegenüber stehn,
Die, durft' er seinen Augen trauen,
Er — aber wo? wo? — schon gesehn.
Sie kam ihm keinen Schritt entgegen,
Sie bot ihm weder Sitz noch Hand,
Wie sie da ohne sich zu regen,
Ein lebend Bild so vor ihm stand.
Im Anschaun rinnet die Sekunde,
Da Keiner von sich selber weiß.
Und endlich tönt's von ihrem Munde:
„Heinrich!“ — ihn überläuft es heiß, —
  „Irmgard!! O Gott in Himmelsräumen!
Irmgard! Du bist's! — noch einen Blick!
Nur noch ein Wort! daß nicht in Träumen
Zerfließt dies sonnige Geschick!
O Wiedersehn und Findenmüssen —!“

Er preßt sie jubelnd an die Brust
Und Mund auf Mund in heißen Küssen,
Daß sie erglüht in voller Lust.
Sie macht aus seinen starken Armen
Verwirrt sich und erröthend los
Und lächelt: „Heinrich, hab' Erbarmen!
Die Schwester ist nun alt und groß."

„O alt! Du alt! wie Rosenflammen
Bist Du erblüht, Du holde Maid!"
Da schreckt sie leis' in sich zusammen,
Durchzuckt von einem scharfen Leid.
Er merkt es nicht, zieht sie hernieder
Zur weichen Ruhbank an der Wand,
Sich in die Augen sehn sie wieder
Und sitzen beide Hand in Hand.
Und Fragen stürzen über Fragen,
Eh' eine Antwort mal geschehn,
Es ist nicht, was sie sich zu sagen,
Anfang und Ende abzusehn.
„Was macht Erwin? wo weilt, was treibet,"
Frug er, „mein lieber Raufgenoß?"
„Erwin ist Ritter, ist beweibet
Und sitzt auf unsrer Väter Schloß,"
Sprach Irmgard, „aber Du gieb Kunde,
Wie sich empor Dein Leben schwang,
Stets war Dein Ruhm in Aller Munde
Auf seinem schnellen Siegesgang.
Das mußt Du Alles mir erzählen
Bei guter Weile weit und breit,
Jetzt aber will ich mit Dir schmählen
Um schlimmen Streich aus alter Zeit.
Daß beiden euch tollkühnen Jungen
Der Ueberfall auf Dürrenstein
So fehlgeschlagen und mißlungen,

Ist eure eigne Schuld allein.
Es wäre anders wohl gekommen,
Hätt' ich gewußt um euren Plan,
Ich hätt' euch ins Gebet genommen
Und ausgetrieben euren Wahn."

„Du ins Gebet uns? ach! wir wußten,
Daß, sagten wir ein Wörtlein Dir,
Wir Dich auch mit uns nehmen mußten,
Das ging nicht, darum schwiegen wir."

„Doch heimlich von der Burg zu schleichen,
So mir nichts Dir nichts weg und fort!
Nicht einmal noch die Hand zu reichen
Und ohn' ein einzig Abschiedswort!"

„Hast Du die Rose nicht gefunden
An Deinem Bett und auch das Lied,
Die in der letzten noch der Stunden
Ich selbst Dir brachte, eh' ich schied?"

„Du selbst? Du warst in meinem Zimmer?"

„Des Morgens früh war's, als ich kam,
Ich seh' es und ich fühl's noch immer,
Wie ich da Abschied von Dir nahm.
Es dauerte, bis ich gegangen,
Ach! Irmgard, warst Du schön und hold,
Wie Du so ruhtest, schlafbefangen,
Umspielt vom ersten Sonnengold!
Durchs Fenster, durch das bunt bemalte,
Drang glühend rothes Licht herein,
Grad' über Deinem Bett umstrahlte
Es ganz das Kreuz von Elfenbein.
Mich lockte wie ein Zauberbecher
Dein Mund, und wie ich zitternd stand —"
„O schweige!" rief sie, „schweig', Verbrecher!"
Und hielt ihm vors Gesicht die Hand.
Doch wie den Arm er um sie legte,

Berührt' er schmeichelnd ihr das Kinn
Mit sanftem Drucke und bewegte
Ihr Antlitz wieder zu sich hin:
„Was hast Du denn nun angefangen
Mit Ros' und Lied? Du weißt es doch?"
Und sie mit purpurrothen Wangen:
„Heinrich, ich hab' sie beide noch!"
Da küßt' er wieder sie geschwinde:
„O Wonn' und Wunder! ich zog ein
Zu einem Kampfe hier und finde
Mein liebes, trautes Schwesterlein!"
Irmgard erhob sich von dem Pfühle:
„Wir dehnten schon zu lang die Frist,
Komm, daß man bei dem Festgewühle
Uns beide nicht im Saal vermißt.
Geh' Freund! ich folge ohne Zaudern
Und werde bei der Fürstin sein,
Dort können wir ja weiter plaudern,
Erst aber wollt' ich Dich allein."
Tannhäuser sprach: „Daß Gott Dir's lohne!"
Und ging; sein Herz in Freuden schlug,
Als ob er eine Königskrone
Auf hocherhobnem Haupte trug.
Irmgard, als sie allein, verhüllte
In Schmerz beseligt, ihr Gesicht,
Das sich mit hellen Thränen füllte,
Und mit durchschütterndem Gewicht
Erseufzte sie aus tiefstem Grunde,
Die Hand auf ihre Brust gepreßt,
Und nur gehaucht von ihrem Munde
Rief's: „Armes Herz, sei fest! sei fest!"

Tannhäuser kam zurück zur Halle,
Die strahlt' ihm jetzt noch mal so hell,

Es däuchte in der Gäste Schwalle
Jetzt Jeder ihm ein Gutgesell.
Ihm blickte aus den Augen beiden
Das überfrohe Herz, er fand
Herrn Walther von der Vogelweiden
Und drückt' ihm mit Gewalt die Hand.
„Auweh!" rief Walther, „trägst Du immer
Den Eisenhandschuh an der Faust?
Und Deiner Augen Freudenschimmer, —
Heinrich, wie Du so seltsam schaust!"
„Sturm! Sturm!" rief Heinrich da mit Schalle,
„Ich habe wieder sie gesehn!
Die Minne winkt von hohem Walle
Mit tausend bunter Fähnlein Wehn!"
Doch Walther kräuselte die Lippen
Und blickte dem Entwischten nach:
„Wie's wieder braust da untern Rippen
Und unter seines Hirnes Dach!
Wen mag er denn gefunden haben?
Und wieder zwar? Sturm! rief er, Sturm!
Daß doch an seinen hohen Gaben
Noch immer nagt der alte Wurm!"
Noch wußt' er nicht den Mädchennamen
Der Frau, die bei der Fürstin stand,
Und die vor allen andern Damen
Den Freund an ihre Seite band.
Kein Blick, kein Wort ging ihm verloren,
Er frug und fand, als er erfuhr,
Daß sie auf Kürenberg geboren
Und Irmgard hieß, die rechte Spur.
Sie sagte: „Hohe Frau, hier ist er,
Der meiner Kindheit Spielgesell,
Wir wuchsen auf wie zwei Geschwister,
Was Einem je gefiel, war schnell

Schon darum auch genehm dem Andern,
Der Dritt' im Kleeblatt war Erwin,
Beim Reiten, Jagen, Baizen, Wandern
Vergaßen wir der Jahre Fliehn."
„Doch," sprach Tannhäuser, „kühner, dreister
Noch als wir Zwei, war Irmengard,
Die über unsre Spiele Meister
Wie über unsre Herzen ward."
Die Fürstin lächelte: „So gebet
Euch fröhlicher Erinnrung hin,
Und Euch, Herr Ritter, bitt' ich, lebet
Als Gast hier ganz nach Eurem Sinn."
Tannhäuser neigte sich in Züchten
Und faßte Irmgard bei der Hand,
Mit ihr aus dem Geräusch zu flüchten,
Wo sich ein stilles Plätzchen fand.
In einer Fensterlaube boten
Zwei kleine Bänke Platz dem Paar,
Allwo ihm keine Lauscher drohten
Und wo's doch sichtbar Allen war.
Sie blickten tief sich in die Augen,
Und Einer war des Andern Ohr,
Ihm jedes Wort vom Mund zu saugen,
Daß bald sich Herz in Herz verlor.
Da sah die Beiden Walther sitzen,
Und wie von jähem Schreck durchbebt,
Sprach er zu sich mit Zornesblitzen:
„Ja, Sturm ist's, was sich da erhebt!
Was Kinderspiele! so verkündet
Sich nicht der Freundschaft Wiedersehn,
Was sich verräthrisch da entzündet,
Das ist der Minne Flammenwehn."
Heinrich entrollt' in raschen Strichen
Vor Irmgard seinen Lebenslauf,

Seit er vom Kürenberg entwichen,
Bis er zur Wartburg ritt hinauf.
Jedoch verweilte er beim Schildern
Des Kreuzzugs etwas längre Zeit
Und zeichnete in großen Bildern
Ihr die geschaute Herrlichkeit,
Die Seefahrt mit der Wogen Brandung
Auf sturmgepeitschter Meeresfluth,
Die Ankunft und die kühne Landung,
Des Heeres Noth, des Kampfes Wuth,
Vor allem aber Drang und Wagen
Bei der Erstürmung von Byzanz,
Und wie er selber dreingeschlagen
Auf der erstiegnen Mauern Kranz,
Und all die grausen Abenteuer
Der Plündrung ohne Gnad' und Rast,
Den Schreckenskampf in Blut und Feuer
Um jenen brennenden Palast.
Die Augen des Erzählers sprühten,
Wie's ihm so durch die Seele zog,
Und seiner Hörerin erglühten
Die Wangen und ihr Athem flog.
Was er noch weiter ihr zu melden,
Vernahm nur halb ihr trunken Ohr,
Zum Sieger wuchs er ihr und Helden
In ihres Herzens Lust empor.
Doch als er von dem letzten Kriege,
Wo er in Philipps Heer sich schlug,
. Und von dem Waffenberger Siege
Erzählte, schrak sie auf und frug
Nach jedem Treffen und Gefechte
Und nach dem Ausgang jeder Schlacht,
Und wieviel Ritter, wieviel Knechte
Verwundet oder umgebracht.

Tannhäuser aber sprach am Ende:
„Wenn ich das Leben je verstand,
So ist mir's eine Schicksalswende,
Daß ich Dich, Irmgard, wiederfand.
Ich habe Deinen Wunsch erfüllet
Und Dir erzählt, wie sich's gebührt,
Fräulein von Kürenberg, enthüllet
Jetzt mir: was hat Euch hergeführt?"

„So darfst Du nimmermehr mich nennen,
Ich trage andern Namen jetzt,"
Sprach sie mit raschem Wangenbrennen.
Tannhäuser starrte bleich, entsetzt,
Als ob er nicht verstanden hätte
Und müßt' es hören noch einmal,
Das Unheil an des Glückes Stätte.
„Kurt Scharfenberg heißt — mein Gemahl,"
Sprach Irmgard klanglos. Heftig klirrte
Tannhäusers Schwert, gepackt am Knauf,
Vor seinem wilden Blicke schwirrte
Der ganze Burgsaal ab und auf.

„Und lebt!?" — in schwer zerhaltnem Grimme
Stieß er das eine Wort hervor
Mit halb erstickter, heisrer Stimme, —
Noch immer bebte Schwert und Spor.
„Laß ruhn das Schwert, Du hast's geschwungen,"
Sprach sie, „schon wider ihn im Streit,
Und keine Kunde ist gedrungen
Von ihm zu mir seit langer Zeit.
Er kämpft in König Otto's Heere;
Ob er mit ihm nach England floh,
Ob er erlegen einem Speere,
Ob er noch seines Lebens froh,
Ich weiß es nicht; nie hat er länger
Mir einen Botengruß versagt."

„Liebst Du ihn, Irmgard?" frug der Sänger.

„Danach hat man mich nie gefragt;
Gefreund' und Waffenbrüder waren
Er und mein Vormund, und so nahm
Er mich zum Weib, doch in den Jahren
War's selten, daß er heimwärts kam.
Der Ritter steht in Dienst und Lehen
Landgrafen Hermanns, hier vom Saal
Kannst unsre kleine Burg Du sehen,
Den Scharfenberg im Erbstromthal."

„Die Burg in jenes Thales Mitten
Auf hohem, grünem Bergesstuhl?
Da bin ich ja vorbei geritten,
Als ich daher kam von der Ruhl!
Es führt der Weg durch Weid' und Wünne
So kurz; — Irmgard, ich bleibe hier!
Herzfreude heißet meine Brünne,
Und Hoffnung ist mein Helmzimier!"

Die Spielleut mußten endlich schweigen,
Als huldvoll lächelnd mit Bedacht
Nun Frau Sophie dem bunten Reigen
Einhalt gebot in später Nacht.
Sie selber mit den Frauen allen,
Der Landgraf und die größre Zahl
Der Gäste, Ritter und Vasallen
Verließen bald darauf den Saal.
Tannhäuser, der im Schleifschrittgehen
Mit Irmgard manchen Tanz gewagt,
Hatt' ihr auf baldig Wiedersehen!
Und freundlich gute Nacht! gesagt.
Man rief ihn an, noch zu verweilen,
Allein er mochte Saus und Braus
Bankfester Zecher jetzt nicht theilen

Und schritt glückvoll zur Thür hinaus.
Um breiten Tisch zusammen rückte
Ein auserlesner Kreis sich nah,
Und wer sich niederließ, dem drückte
Die Hand der Schenk von Vargula.
Die Sänger waren's und von Rittern
Manch einer mit schnurgradem Strich,
Den niemals blasse Furcht und Zittern
Vorm größten Trinkgeschirr beschlich.
Gern sitzt der Sänger bei dem Schenken,
Gern füllt der Schenk dem Sänger ein,
Zunguüber geht beim Becherschwenken
Heraus das Herz, hinein der Wein.
O Wartburgkeller, langer, tiefer!
Landgrafensaß, voll bis zum Spund!
Wer sog euch aus? Bohrwurmgeziefer,
Kriegsgurgel oder Spielmannsschlund?
Auch heute hattet ihr zu leiden,
Die Kanne lief dem Kruge nach,
Und Wen'ge waren so bescheiden
Wie Vogelweid' und Eschenbach.
Truchseß von Schlotheim rief: „Ihr Sänger,
Sagt mir, ist unser neuer Gast
Ein Trockenmund und Grillenfänger,
Der einen vollen Humpen haßt?"
Mit seiner treuen Augen Blinken
Sprach Walther: „Im Tyrolerland
Sah ich mit einem Bischof trinken
Dereinst ihn, und dem hielt er Stand."
„Dann alle Achtung seiner Kehle!
Mit einem Bischof! wer das kann,"
Rief Bitrolf, „der ist ohne Fehle
Ein wohlgezapfter, sichrer Mann."
„Dann tapp' ich wohl nicht ganz im Dunkeln

Mit dem Verdacht, daß er verliebt,
Denn Augen sah ich heute funkeln,
Wie Hammerschlag vom Amboß stiebt,"
Der Kämmrer Hermann Fahner lachte,
„Hätt' unser Bärbeiß das gesehn,
Herr Kurt von Scharfenberg, — es krachte
Kernholz und Eisen zwischen Zween."
„Wie Euch gleich die Gedanken springen!"
Rief Walther, „macht Euch Eines klar:
Frau Irmgard und Herr Ofterdingen
Sind halbwegs ein Geschwisterpaar
Und sind von Kinde sich gewogen,
Der Ritter ist den Enkeln gleich
Beim alten Kürenberg erzogen
Auf dessen Burg in Oesterreich."
Herr Reinmar sprach: „Merkt Euch daneben,
Er läßt in einem Minnestrauß
Nicht leicht sich aus dem Sattel heben,
In Wien focht er solch Stücklein aus."
„Wenn ich ihn mir so recht besehe,"
Der Tugendhafte nun begann,
„Ist er vom Wirbel bis zur Zehe
Ein echter, wackrer Rittersmann.
Ich hab' ihn wahrlich lieb gewonnen,
Hört doch nur seiner Stimme Klang,
Seht seine Augen, tief wie Bronnen,
Und seinen leichten, stolzen Gang!"
Wie das nun Jeder ihm bezeugte,
Erklang Tannhäusers Lob im Chor,
Nur Wolfram schwieg dazu und beugte
Halb flüsternd sich zu Walthers Ohr:
„Ich ehre seine Rittertugend,
Ich achte seine Sangeskunst,
Und ich verzeihe seiner Jugend,

Er steht bei mir in hoher Gunst;
Denn wunderbar in ihm vereinigt
Ist Himmelsglanz mit Erdenhaft,
Wär' von den Schlacken er gereinigt,
So wäre göttlich seine Kraft.
Doch brennt ihn ein dämonisch Feuer,
Der Minne Gier, der Ehre Geiz,
Ihm ist ein lustig Abenteuer
Das Leben in der Sinne Reiz.
Doch laß ihn wildern nur und toben,
Gemeines Ende nimmt der nicht,
Tief sinkt er oder steigt nach oben
Zu einem ungeahnten Licht.
In Frieden werden wir nicht fertig
Mit ihm, der wie ein Irrwisch schwirrt,
Ich bin des Kampfs mit ihm gewärtig,
Er will ihn haben und er wird!"
„Wenn Ihr nicht besser trinkt, Ihr Herren,"
Rief jetzt des Schenken kräft'ger Baß,
„So lasse ich den Hahn versperren,
Ich mein', es ist kein schlechtes Faß."
Sie hoben auf und setzten nieder,
Sie tranken aus und tranken mehr,
Die Buben liefen hin und wieder,
Bis einer sprach: „Das Faß ist leer!"

Tannhäuser war, derweil gestritten
Ward über ihn, in raschem Gehn
Schon von der Burg zu Thal geschritten
Kaum selber wissend, wie's geschehn.
Denn ihn umwucherten Gedanken
Und lugten ihm ins Herz hinein
Wie kletternd eines Weinstocks Ranken
In blattumlauschtes Kämmerlein.

Und weil sie ihm gar heimlich däuchten
Und von so lieblicher Gestalt
Und allen Schlummer ihm verscheuchten,
Ging er mit ihnen in den Wald.
Der war erfüllt von tiefem Schweigen,
Darin nun ruhte Berg und Thal,
Nur flimmernd unter dunkeln Zweigen
Lag fein gesiebt des Mondes Strahl.
Wie wohl auf unbetretnen Wegen
That ihm der einsam stille Gang!
Wie kam ihm Schritt um Schritt entgegen
Ein alter, halb vergeßner Drang!
Die grünen Arme ausgebreitet
Streckt' ihm der Wald so lockend hin,
Und wie der Wald ward ihm geweitet,
Empfänglich jedem Hauch, der Sinn.
Was blitzschnell flirrte, träumrisch schwebte
Im matten Silberglanz der Luft,
Was bläulich dämmernd wogt' und webte
In Thaugespinnst und Nebelduft,
Was sich in Wipfeln wispernd wiegte,
Um Gräserspitzen lispelnd rann,
Der Mondnacht ganzer Zauber schmiegte
Sich an des Sängers Seele an.
Die Wolke, die vorüber wallte
Weißgelblich von des Mondes Schein,
Der Schatten in der Bergesfalte,
Das grelle Licht am Felsgestein,
Das Alles hatte Geist und Leben,
Wie's einzig seine Augen sahn,
Weil der Empfindung hingegeben
Sein eigen Herz war aufgethan.
Wie damals wieder fühlt' er's schlagen,
Als seiner Freundin, der Natur,

Zuerst in seinen Jugendtagen
Er nachschlich auf verborgner Spur,
Damals, als ins Gemüth des Knaben
Und in des Jünglings reine Brust
Sie ihre Wunderschrift gegraben,
Eh' von der Welt er was gewußt.
Und sich in jene Zeit versenkend,
Der sorgenlosen Jugend Lauf,
Des Waldes an der Donau denkend,
Stieg ihm ein holdes Bild herauf.
Ein Mädchen war's von fünfzehn Jahren
Von schlank gewachsnem, kräft'gem Bau,
Mit schönen bräunlich blonden Haaren
Und großen Augen, dunkelblau.
Von Blüthenschmelz wie Sammt umschlossen
War ihrer Wangen zartes Rund,
Von Liebreiz zaubersüß umflossen
Ihr schwellend rother Märchenmund.
Die Knospe war's der wilden Rose,
Die schon dem Kelche sich entrang,
Im grünen Wald aus Laub und Moose
Als ein holdselig Wunder sprang.
Und dieses Mädchen, das beim Streifen
Sich wie sein Schatten an ihn hing,
In wangenglüh'ndem Wildnißschweifen
Durch alle Wetter mit ihm ging,
Das mit ihm jagte, mit ihm tollte
Abweisend wankenden Entschluß,
Bald füßchenstampfend mit ihm schmollte,
Bald ihn umschlang mit raschem Kuß,
Irmgard — sie trat ihm hier entgegen
Wie strahlend Licht in finstern Raum
Und mit ihr wie ein Blüthenregen
Sein waldumrauschter Jugendtraum.

Was ihm in Kampf und Streit entschwunden,
Erinnrung bracht' es ihm zurück,
Ach! tausend freudenreiche Stunden,
Ein ahnungslos genossnes Glück,
Denkwürdige Begebenheiten,
Von Vogelaugen nur gesehn,
Geheime Herzenswichtigkeiten,
Die unter dichtem Laub geschehn.
Ob sie wohl auch noch daran dachte,
Was beide damals sie gehegt?
Ob sie wohl jetzt darüber lachte,
Was einstmals sie und ihn bewegt?
Sie hatt' ihn schwesterlich empfangen,
Zur stolzen Rose aufgeblüht,
Und dennoch waren ihr die Wangen
In jungfräulicher Scham erglüht.
Ihr war, die nun zur Frau gereifet,
Doch durch der Jahre leichten Druck
Nichts von der Anmuth abgestreifet,
Die aller Jugend schönster Schmuck.
Und doch — war dieses Wiedersehen
Und dieser Freude Sturmerguß
Und Brust an Brust dies Athemwehen
Nur Brudergruß und Schwesterkuß?
Erst war er doch so froh gestimmet,
Da er sein Leben ihr erzählt,
Was war er denn so tief ergrimmet,
Als er erfuhr, daß sie vermählt?
Wenn er sie keinem Andern gönnte,
Hatt' er schon je daran gedacht,
Daß sie die Seine werden könnte,
Von seiner Eifersucht bewacht?
Hatt' er ihr je davon gesprochen?
War sie gebunden durch ein Wort?

6.*

War er nicht heimlich ausgebrochen,
Halb Knabe noch, aus sicherm Port?
Sie war vermählt; ihr Gatte lebte;
Nun heischte Schweigen seine Pflicht,
Doch Eines war, wovor er bebte:
Zufrieden, glücklich war sie nicht.
Es schmerzte ihn schon ihretwegen;
Doch wenn in Liebe sie beglückt
An jenes Mannes Brust gelegen,
Ihn hätte Gram und Neid erdrückt.
Nur keinem Andern Irmgards Liebe!
Wenn sie auch nicht sein eigen sei,
Ob auch die Hand gebunden bliebe,
Ihr Herz, wußt' er, ihr Herz war frei!
Doch wollt' er ihr, der Edlen, Reinen,
Nicht ruchlos wirrn die Lebensbahn,
Er wollte ruhig sein und scheinen
Und nur als Freund der Freundin nahn.
Sie sollte ihm die Schwester bleiben,
Denn einsam stand er in der Welt,
Es hatte sich in all dem Treiben
Kein andres Herz ihm zugesellt.
Er wollte wieder mit ihr reiten,
In Büchern lesen Tage lang,
Mit ihr gedenken ferner Zeiten
Und sie erfreuen mit Gesang.
Im Walde wollt' er mit ihr gehen,
Beglückt von einem Druck der Hand,
Ihr in die blauen Augen sehen,
Wenn sie ein Sträußchen für ihn band.
Vielleicht erschlösse ihm die Gute
Ihr volles, reiches Frauenherz,
Daß er erschaute, wie drin ruhte
Versagte Lust, verhüllter Schmerz.

So sinnend saß er auf dem Steine;
Hoch dort im dunkeln Wartburghaus
Erglänzte noch mit rothem Scheine
Ein Fenster in die Nacht hinaus.
War sie es, die dort oben wachte
Wie unten er an Berges Fuß?
Ob sie wohl sehnend seiner dachte?
Er sandt' ihr scheidend einen Gruß:
„Schlaf' wohl, lieb Schwester, und in Frieden!
Ich bin Dir ferne und doch nah,
Geschieden heißt noch nicht gemieden,
Heil mir, daß ich Dich wiedersah!"

V.

Auf Burg Scharfenberg.

————

m Fraungemach, das hoch behangen
Mit schönen Decken und geschmückt
Mit reichen Hausraths Zier und Prangen,
Saß Irmgard einsam, still beglückt.
Hier hatte sie wie eingemauert,
Verlaßner Schwalbe gleich im Nest
Auf ihrer Burg manch Jahr vertrauert
Noch zehrend an der Jugend Rest,
Der Zeit, die sich von Wünschen nähret
Und nie das Hoffen ganz verlernt,
Und wäre auch, was sie begehret
Unwiederbringlich weit entfernt.
Nun aber war ihr schüchtern Hoffen,
Des Jugendfreundes Wiedersehn,
Wie Lenz vorm Winter eingetroffen;
Kaum wagte sie, sich zu gestehn,
Wie es sie innerlich ergriffen.
Das hatt' ihr vor drei Tagen noch
Der Vogel Bülow nicht gepfiffen,
Der gelbe, und er wußt' es doch,

Denn heute rief so laut sein Flöten
In stillen Sonnenschein hinaus:
Bier hol! Bier hol! als käm' in Nöthen
Ein mächtig großer Durst ins Haus.
Ach! Pfingstvöglein, dem kühlen Tranke,
Den ihr dein rother Schnabel nennt,
Ist nicht die Lauscherin zu Danke,
Ein andrer Durst ist's, der sie brennt.
Sie saß am offnen Fenster nähend,
Doch nein, das Nähzeug ruht' im Schoß,
Sie saß dort in die Ferne spähend,
Nachsinnend ihrem Wittwenloos.
Frühsommerliche Lüfte strichen
Duftbringend ihr gewelltes Haar,
Und dunkle Epheuranken schlichen
Am Fenster um das Säulenpaar.
Rings krauser Wald und grüne Matten,
Der Himmel ach! so himmelblau,
Im ganzen Thal kein Wolkenschatten
Bis zu des Hörselberges Grau.
Vor ihr lag auf dem Tischchen lose
Ein halb vergilbt, beschrieben Blatt
Und eine ganz verwelkte Rose,
Vertrocknet, mumienbraun und platt.
Auch diese hatte, halb erschlossen,
Einst schön und jugendlich geblüht,
Von Farbenfluth und Duft umflossen,
Von hellem Morgenthau umsprüht,
Als aus gesunden Schlafes Tiefe
Erwachend sie das Mädchen fand
Mit jenem pergamentnen Briefe
Und was darin geschrieben stand:

Hab ein Röslein Dir gebrochen
Frühlingsfrisch vom Strauch
Und geheim mit ihm gesprochen
Hehl und Flüsterhauch.

Tief im Kelche ruht verschwiegen
Gar ein schüchtern Wort,
Hundert rothe Blättlein biegen
Sich um güldnen Hort.

Drück' es leise an die Lippen
Wie ich auch gethan,
Darfst am Thaubenetzten nippen
Und den Duft empfahn.

Mit des Herzens Gruß und Neigen
Will ich von Dir gehn,
Rosen welken, Wünsche schweigen,
Hoffe Wiedersehn!

Als jetzt die Schaffnerin Beate
Ins Zimmer trat, verhüllte risch
Irmgard mit bauschigem Bliate
So Lied wie Rose auf dem Tisch.
„Hab's doch gesehn!" die Andre neckte,
„Und wenn Ihr noch so heimlich thut."
Der Herrin Angesicht bedeckte
Bis an die Stirne Purpurgluth.
Des alten Hawart Kind war jene,
Des Marschalks auf dem Kürenberg,
Ihr sel'ger Gatte stand im Lehne
Und Dienst des Ritters Scharfenberg.
Irmgard an Jahren überlegen,
Folgt' ihr Beat' ins ferne Land

Mit dem ihr angetrauten Degen,
Der seinen Tod bei Erfurt fand.
Erinnrung also hielt gebunden
In Einsamkeit die beiden Frau'n,
Die fast wie Schwestern sich gefunden
In gegenseitigem Vertrau'n.
Wieviel an Heinz von Osterdingen
Gedachten sie und sprachen's aus,
Wenn seinen Ruhm in Sieg und Singen
Ein Spielmann trug von Haus zu Haus.
Beate hatte längst gelesen
In Irmgards Herzen, welcher Art
Für Heinrich das Gefühl gewesen,
Das sie in Treuen ihm bewahrt.
Und als am Tage nach dem Feste
Dann von der Wartburg heimgekehrt
Irmgard und aufs Genaust' und Beste
Erzählt, welch Glück ihr dort beschert,
Da brach die letzte dünne Kruste,
Die über dem Geheimniß lag,
Und die verschwiegne Liebe mußte
Im Thau der Wangen an den Tag.

Drei Nächte waren schon vergangen,
Seit wieder sie den Freund gewann,
Mit Hoffen trug sie sich und Bangen:
Ob er wohl kommt zur Burg hinan?
Sie wünscht' es kaum, denn ach! es graute
Ihr vor des eignen Herzens Drang,
Und doch ins Thal hinunter schaute
Sie früh und spät den Weg entlang.
Wär' es, statt wieder ihn zu sehen,
Nicht baß gethan, vor ihm zu fliehn?
Wie sollte sie ihm widerstehen,

Wenn er sie liebte wie sie ihn?
Ein Blick allein, der ihm verrathen,
Wie es im Herzen um sie stand,
Wär' schon der Sämann jener Saaten,
Daraus sich Sünde Garben band.
Sie sprach's und dacht' es nicht in Worten,
Doch es berauschte sie wie Duft,
Als lagerte vor allen Pforten
Gewitterschwüle Frühlingsluft.
Wenn's aber doch nur Freundschaft wäre,
Nicht Liebe, was er ihr gezeigt?
Wenn in dem trauten Tannhusäre
Ihr nur ein Bruderherz geneigt?
Ja dann — dann wollte sie es tragen
Mit jenem Muthe, den allein
Ein Weib besitzet im Entsagen,
Und ihm auch eine Schwester sein.
Sie wehrte von sich die Gedanken
Gestalt kaum gebend ihrem Sinn,
Und in der Stimmung stetem Schwanken
Sang sie halbleise vor sich hin.
Bald klang es fröhlich, hoffnungwerbend,
Wie wenn sie jede Sorge mied,
Und balde schwermuthvoll ersterbend
Wie stiller Liebe Schwanenlied.
Sie, eine Kürnberg, und nicht singen!
Herr Konrad hatt' es sie gelehrt,
Und zwei von seinen Harfen hingen
Ja dort, ihr von Erwin verehrt.

Die Schaffnerin nahm Platz und führte
Mit fleiß'ger Hand die Nadel auch,
Still war es im Gemach, es rührte
Sich in vier Wänden kaum ein Hauch.

Man hörte nur im Seidenpacken,
Der sich beim Nähn in Falten schlug,
Ganz leises Rauschen, Knistern, Knacken
Von Nadelstich und Fadenzug.
Der beiden Frau'n Gedankenwandern
Ging gleichen Wegs zum gleichen Ort,
Das wußte jede von der andern,
Doch keine fand das erste Wort.
Es hätte jede gern gesprochen
Und jede lieber noch gehört,
Was, wenn das Schweigen erst gebrochen,
Ein liebend Herz zumeist bethört.
Wenn Eine nur den Namen nannte,
Der dies Versteckenspielen schuf,
Der jeder auf den Lippen brannte,
Es klänge wie Erlösungsruf.
Da draußen in der Vöglein Singen,
Das aus dem grünen Laube scholl,
Klang's: „Ofterdingen! Ofterdingen!"
Als wären alle Zweige voll
Von seinen Boten; fern der Häher
Rief: „Heinrich! Heinrich!" und der Fink,
Der nahe flatterte und näher:
„Tannhäuser kommt! schließ auf! flink, flink!'
Sein Name klang im Zwitschern, Summen,
Als wär' die Luft damit erfüllt,
Nur nicht im Frauenmund, dem stummen,
Der tief ins Herz ihn eingehüllt.
Beate trug geraume Weile
Des widerwill'gen Schweigens Last,
Bis endlich sie an ihrem Theile
Zum Reden sich den Muth gefaßt.
Sie sprach und spitzte schon die Ohren
Für Irmgards Antwort: „Saget mir,

Ist nicht das Leben halb verloren
Für so zwei Wittwen, Frau, wie wir?"
Zwei Wittwen so wie wir? die Frage
Schwebt' auf Irmgards erstauntem Blick;
Die Andere fuhr fort: „Ich trage
Nun schon drei Jahre mein Geschick,
Ihr habt Euch auch wohl drein ergeben,
Was doch mal nicht zu ändern geht,
Daß Ihr gewiß in diesem Leben
Den gnäd'gen Herrn nicht wiederseht."
„Das steht in Gottes Hand alleine,"
Sprach Irmgard, „wie er's fügt und lenkt."
„Ja," sprach Beate, „doch ich meine,
Wenn man so an den Ritter denkt,
Was für ein Stürmer er gewesen,
Deckt ihn wohl längst die Erde zu,
Ich rathe Euch, laßt Messen lesen
Für seiner armen Seele Ruh."

„Du ordnest schon die Todtenfeier
Für Einen, der vielleicht noch lebt,
Noch trag' ich nicht den Wittwenschleier,
Den Deine Hand voreilig webt."

„Der Ritter ruht in Gottes Frieden,
So lange blieb er niemals aus
Und ließ uns nie, wenn er geschieden,
So lange ohne Kund' im Haus.
Wollt Ihr noch Jahre auf ihn warten?
Ihr würdet selber grau dabei,
Ei, schöne Ros' im Lebensgarten,
Blüht nur und glüht, denn Ihr seid frei!"

„Beate! laß dies in mich Dringen!
Mein Gatte ist dem Krieg geneigt,
Doch jede Stunde kann ihn bringen,
Daß er im Hof vom Rosse steigt.

Still! — horch! — hörst Du des Thürmers Rufen?
Es schmettert und frohlockt sein Horn,
Da naht ein Gast auf Rosses Hufen,
Ein Edler ist's mit goldnem Sporn!"
    „Ein Gast, jawohl! von edlen Rittern
Der liebste, der Euch kommen mag!
Ihr werdet blaß, ich seh' Euch zittern,
Wen meldet Euch des Herzens Schlag?
Auf, Irmgard! wer auch angekommen,
Nur Einer kann's von Zweien sein,
Frisch in die Arme ihn genommen!
Ich geh' und führ' ihn Euch herein."
Beate ging, doch Irmgard pochte
Das Herz, daß sie nach Willens Kür
Sich zu bewegen nicht vermochte,
Bildsäulengleich, fest auf die Thür
Den Blick geheftet; wer von Beiden
Tritt aus der Zukunft Nacht hervor?
Minuten haben zu entscheiden,
Und wie's ihr summt und saust im Ohr,
Vernimmt sie kaum des Schrittes Schnelle,
Von ihm getrennt nur durch die Wand,
Bis auf der offnen Thüre Schwelle
Heinrich von Ofterdingen stand.

    Irmgard blieb vor dem Fensterfache,
Zum Licht gewandt den Rücken, stehn,
So im halb dämm'rigen Gemache
Konnt' es der Ritter wohl nicht sehn,
Wie ihre todesbleichen Wangen
Jetzt helle Röthe überfloß,
Und wie statt scheuen Blickes Bangen
Ihr Auge Freudenstrahlen schoß.
Doch als sie sich entgegen regte

Dem Freunde und mit stummem Gruß
In seine Hand die ihre legte,
Da bebte ihr noch Hand und Fuß.
Und er, der ruhig scheinen wollte
Und sein, wenn er sie wiedersah,
Wußt' auch nicht, was er sagen sollte,
Als nur: „Irmgard, nun bin ich da!“
Sie aber faßte sich geschwinder,
Denn seine Nähe gab ihr Kraft,
„Sind wir denn immer noch wie Kinder?“
So sprach sie lächelnd, „oder schafft
Die Trennung durch so lange Zeiten,
Von keiner Botschaft Trost versüßt,
Uns beiden nun Verlegenheiten,
Wenn Bruder sich und Schwester grüßt?“
Nun mußt' er über sich doch lachen:
„Du hast wohl Recht, mir geht es so,
Du mußt erst wieder Muth mir machen,
Ich bin bei Frau'n sonst frei und froh.“

„Das warst Du schon, als wir uns beide
Austobten in der Jugend Braus
Und unzertrennlich Wald und Haide
Durchstreiften um das Vaterhaus.
Heinz, denkst Du noch an all das Wagen,
Wenn oft Erwin nicht bei uns war,
Wie Du mich durch den Bach getragen,
Bald löstest mir, bald flochtst das Haar?“

„Und wie wir auf die Klippen stiegen
Und Hütten bauten uns von Moos
Und Du Dich konntest an mich schmiegen,
Zum Kranze Blumen auf dem Schoß.“

„Und wie Du stets mich, wenn wir ritten,
Vom Sattel hobst und auch hinauf,
Ich hab' es gar zu gern gelitten,

Stieg oft nur darum ab und auf."

„Und, Irmgard, ich that's allerwegen
Zu gern, und wenn es langsam ging,
An meiner Kraft hat's nicht gelegen,
Nur weil ich Dich so gern umfing."

„Du denkst wohl, daß ich das nicht merkte?
Hat's doch der Falbe eingesehn,
Er war's, der uns darin bestärkte,
Denn er blieb recht geduldig stehn."

„Ist jetzt Dein Roß auch so geduldig?
Ich bin zwar nicht in Uebung mehr,
Doch sind wir den Versuch uns schuldig,
Ob Du für meine Kraft zu schwer."
Sie sah ihn schelmisch an und nickte
Und ward dabei ein wenig roth;
Da kam Beate: „Ich beschickte
Für Euch ein leichtes Morgenbrot,"
Sprach sie geschäftig und bescheiden
Und prüfte, eh' sie wieder schied,
Mit einem raschen Blick die Beiden,
Den ihre Frau jedoch vermied.

Als Gast und Wirthin in der Halle
Beim Imbiß nach Beatens Wahl,
Sprach Irmgard: „So es Dir gefalle,
Heinrich, gestehe jetzt einmal,
Wo Du am glücklichsten gewesen."
Tannhäuser blickte auf zu ihr:
„Du könntest mir's im Herzen lesen,
Am glücklichsten war ich bei Dir
Auf Kürenberg in jenen Jahren —"
Sie unterbrach ihn: „Nein, danach,
Mein' ich, seit Du umhergefahren
Zu Roß und unter Schildes Dach."

„Du sagst es, unter Schildes Dache
War mir am wohlsten und im Krieg,
Im Kampfgewühl und Speergekrache,
Im Kreuzzug und beim Ungarnsieg.
Wohin ich wie von Sturmes Besen
Gefegt, Glück hatt' ich überall,
Recht glücklich bin ich nie gewesen.
Nur wenn der eignen Lieder Schall
In Einsamkeit mir Tröstung brachte,
Wenn mir von Bildern schwoll die Brust
Und ich dann schrieb und sann und dachte,
Empfand ich sel'ge Schaffenslust.
Sonst aber fühlt' ich mich beglücket
Nur einmal in des Lebens Lenz,
Von einem Herzensrausch berücket,
Am Minnehof zu Avellenz,
Als ich der Freiheit goldne Flügel
Im Stift mir an die Schultern band
Und über Thal und Berg und Hügel
Die Minne suchend zog durchs Land."
„Die Minne suchend?" frug betroffen
Irmgard, gespannten Blicks, erregt,
„Und dort sahst Du erfüllt Dein Hoffen,
Das Du Dir in den Sinn gelegt?"
   „Irmgard, ich hatte nichts im Sinne,
Mit ahnungslosem Wunsch bewehrt,
Kannt' ich das Wort nur, bis die Minne
Mich eine schöne Frau gelehrt."
Er schwieg; sie schlug die Augen nieder,
Blickt' ihn dann wieder innig an,
Schnell ging ihr Athem hin und wider,
Bis daß von Neuem er begann:
„Irmgard, Du sollst es Alles wissen.
Von Leidenschaft und Liebeslust

War ich berauſcht und hingeriſſen
An dieſes blüh'nden Weibes Bruſt.
Unſchuldig noch, im Ueberſchäumen
Der Jugendkraft ſog ich den Trank,
Den mir in Paradieſesträumen
Kredenzt Delianens Minnedank.
Und einmal noch in ſpätern Jahren,
Eh' ich des Dogen Schiff beſtieg,
Hab' ich im Ueberſchwang erfahren
Der ſchmachtenden Begierde Sieg.
Heiß wie ein Sonnenkuß im Süden
Entflammte mich Ricchezza's Mund
In Wonnen ſchwelgend ohn' Ermüden,
Doch wob ſich nicht der Seelen Bund.
Noch forſcht' ich nach der Liebe Künden
Am Buſen mancher ſchönen Frau,
Ihr tiefſtes Weſen zu ergründen
Im edlen, reizumfloſſnen Bau.
Allein umſonſt war all mein Fragen
Gleichwie nach unentdecktem Land,
Es wußt' es Keine mir zu ſagen,
Was ſie in Liebesluſt empfand.
Noch alſo, was ich auch beginne,
Hab' ich den Urquell nicht entdeckt,
Ich ſuche immer noch die Minne,
Wie ich ſie mir als Ziel geſteckt.
Den letzten, heimlichſten Gedanken
Will ich auf Herzensgrunde ſehn,
Im Schau'r der Luſt, im Sinnewanken
Das innerſte Gefühl verſtehn.
Was Wonnen hier auf Erden ſprießen,
Vom Weibe kommen ſie allein,
Ich will ſie ſuchen und genießen,
Und Alles oder nichts ſei mein! —

Verzeih', was Du herauf beschworen!
Nie wieder frag nach meinem Glück,
'S ist nicht gemacht für Schwesterohren,
Lebwohl! ich komme bald zurück."
Er stürmte fort, und traumverloren
Stand sie mit glühendem Gesicht:
„'S ist nicht gemacht für Schwesterohren, —
Bei dir sucht er die Minne nicht."

Es hatte ihn hinaus getrieben,
Die Thür fiel hinter ihm ins Schloß,
Doch war ihr, als ob er geblieben,
Als ob sein Hauch sie noch umfloß.
Sie sucht' ihn fast, ob er zur Stelle
Nicht vor ihr, neben ihr noch war,
Sein Körper überschritt die Schwelle,
Sein Geist blieb bei ihr, unsichtbar.
Noch tönte in der weiten Halle
Nachzitternd seiner Stimme Klang,
Der ihr mit seinem Glockenschalle
Durchrieselnd in die Seele drang.
Noch sah sie seiner Augen Leuchten,
Als er von Liebeswonnen sprach,
Und seine heißen Worte däuchten
Ihr Donnerrolln am Frühlingstag.
Sein Innres hatte sie ereilet,
Schnell einen Blick hinab gethan,
Wie wenn der Rauch sich plötzlich theilet
Am offnen Krater des Vulkan.
Mit Grau'n sah sie die rothen Gluthen,
Mühsam gedämpft und eingeengt,
Schon züngelnd, lodernd um sich fluthen,
Davon geblendet und versengt.
Weh! wenn auch ihr Herz er durchschaute,

Wie er sein eignes ihr enthüllt,
Und sähe, was dort Hoffnung baute
Auf einen Grund, den Sehnsucht füllt.
Sie war ein Weib und auch geboren
Mit Liebesglückes Wunschgewalt; —
„'s ist nicht gemacht für Schwesterohren —"
Ach, Schwesterliebe, bist du kalt!

Es ward aus Abend und aus Morgen
Ein andrer Tag, und als er stieg,
Versanken nächtig schwere Sorgen,
Und Irmgards heimlich Bangen schwieg.
Sie hatte noch mit tiefem Kummer
Viel über Heinrich nachgedacht
Und war erquickt nach spätem Schlummer
Zu neuer Hoffnung aufgewacht.
Was gestern in des Freundes Beichte
So fremd ihr gegenüber trat,
Erschreckend feindlich fast, dem reichte
Sie heut' die Hand im Herzensrath.
Bewundrung wuchs im jungen Lichte
Und hatte den Entschluß genährt,
Nicht mit gewöhnlichem Gewichte
Zu wägen dieses Mannes Werth.
Er, der im Zauber der Erscheinung
So heldenmäßig vor ihr stand,
Daß sie in ihrer hohen Meinung
Nicht Mal und Makel an ihm fand,
Mit seines Wesens Macht und Walten,
Das keine Erdenschranke litt,
Durch die mitlebenden Gestalten
Wie ihr Gebieter einsam schritt,
Der vornehm stolz auf eignen Wegen
Nicht rathen sich und leiten ließ

7*

Und die fischblütig, schläfrig Trägen
Wie Staub verachtend von sich stieß,
Er durfte fordern und begehren,
Was einzig hoher Muth nur wagt,
Ihm mußte das Geschick gewähren,
Was es Millionen streng versagt.
Sein feurig großes Herz umfaßte
Wie Meersluth der Gefühle Welt,
Und keines liebte oder haßte
Wie seines unterm Sternenzelt.
So dachte Irmgard in dem Triebe,
Daß sie den Freund nur so geehrt,
Wie es sein Ruhm und ihre Liebe
Von ihm zu denken sie gelehrt.
Doch sah sie ihres Glückes Schranken
Und auch die Lockung, die Gefahr
Und wollte in der Pflicht nicht wanken,
Die sie dem Gatten schuldig war.
Gefahr? wo war die? Heinrich nannte
Sie seine Schwester ohne Zwang,
Und einer Schwester nur bekannte
Er Sehnsucht, die nicht sie umschlang.
So mit dem Vorsatz sich zu fügen
Ins Schwesteramt, sprach sie sich Muth:
Herz, lerne schweigen, Zunge lügen,
Und Augen, seid auf eurer Hut!
Und doch! kam denn nicht wie gerufen
Der Freund in ihre Einsamkeit,
Daß sie sich wieder Kurzweil schufen
Nach ihrer langen Trennungszeit?
War es nicht Schicksals Gunst und Walten,
Ein Wink von oben und Bescheid
Zum innigen Zusammenhalten,
Zum Theilen so von Lust wie Leid?

Gewiß! sie wollte alle Schmerzen,
Schwermuth und Zweifelsinn zerstreun
Und sich in Fröhlichkeit und Scherzen
Auch ungeliebt des Freundes freun
Wie einst, da sie in jungen Tagen
Sich wunschlos und voll Jugendlust
Mit Sorgen beide nicht getragen
Und nichts von Lieb' und Leid gewußt.
Erst gestern hatten sie der Zeiten
In traulichem Gespräch gedacht
Und all der kleinen Heimlichkeiten, —
Sie hört' es noch, wie sie gelacht.
So schien zuletzt ihr ungefährdet
Und ungetrübt das neue Glück,
Und was sich erst so ernst gebärdet,
Ließ heitern Nachklang nur zurück.

Die Tage gingen wie sie kamen,
Der Sommer band den Blumenstrauß,
Und Irmgard saß am Fensterrahmen
Und blickt' auf Wald und Thal hinaus.
Sie hoffte still auf Heinrichs Kommen,
War doch sein Wort bei ihr in Schuld,
Nur hatte sie sich vorgenommen,
Ihn zu erwarten in Geduld.
Doch als vom Thurm des Wächters Schnarren
Anrief das dritte Morgenroth,
Ward aus dem Hoffen schon ein Harren,
Und die Geduld kam bald in Noth.
Am nächsten Tag war sie zu Ende,
Und aus dem frohen Harren stieg
Wie ein Gewölk bei Wetterwende
Ein Sehnen, das sie zwar verschwieg,
Das aber wuchs mit Windeseile,

Den Funken bald zur Flamme blies
Und in der Burg ihr nirgend Weile
Und nirgend Rast und Ruhe ließ.
O warten! warten und sich sehnen!
Das ist, wie endlos in der Zahl
Minuten sich zu Stunden dehnen,
Der Liebe eine Folterqual.
Wo blieb er nur? was hielt ihn länger
In Eisenach noch von ihr fern?
War es der Landgraf und die Sänger?
Band ihn dort gar ein neuer Stern?
Am Hofe gab es schöne Frauen,
Und wenn ein Minnesucher kam,
War es schon Mancher zuzutrauen,
Daß sie sein Herz gefangen nahm.
Doch nein! sie zürnte dem Gedanken,
Zürnt' auf sich selbst und zürnt' auf ihn
Und wollte, käm' er, mit ihm zanken,
Wenn nicht, ihm selbst entgegen ziehn.
Beate merkte bald die Launen
Der Herrin, wußte auch den Grund,
Schwieg aber still und sah mit Staunen
Und schlauem Lächeln um den Mund,
Wie Irmgard, deren ganzem Wesen
Gefallsucht weit abseiten lag,
Sich reicher Schmuck und Kleid erlesen,
Als sonst sie die Gewohnheit pflag.
Irmgard saß in der Kemenate
Spätnachmittags, als halb zur Thür
Den Kopf hinein gesteckt, Beate
„Jetzt kommt er!" rief und schnell hinfür
In Küch' und Keller schaffend eilte,
Indeß in froh erschrockner Hast
Irmgard aufsprang, jedoch verweilte,

Bis Ruh und Sammlung sie gefaßt.
Nun kam er, herzlich warm empfangen,
Nicht ausgezankt und nicht geschmählt,
Kein Wort verrieth ihr sehnend Bangen,
Womit die Stunden sie gezählt.
Nachdem er von dem Wartburgleben,
Wo Tag um Tag in Freuden schwand,
Viel lust'ge Kunde ihr gegeben,
Nahm er die Harfen von der Wand:
„Irmgard, wie ist's? kannst Du noch singen?
Wird uns, durch Jahre ungetrübt,
Ein Zwiegesang wohl noch gelingen,
Wie wir sie früher oft geübt,
Als uns Dein lieber Ahn sie lehrte
Und uns die Lust und den Genuß
Noch durch sein Geigenspiel vermehrte
Der brave Burgpfaff Sumidus?"

„Jawohl! und die Erwin so gerne
Noch Abends hörte vor dem Schlaf,
Umsonst bemüht, daß er sie lerne,
Weil er beim Doppelsang nicht traf.
Mir, Heinrich, sind sie nicht verklungen,
Die Lieder aus der Jugendzeit,
Ich habe sie noch oft gesungen,
Stimm' an! stimm' an! ich bin bereit."

„Hier dieses Lied schrieb meine Feder,
Bekannt wohl ist die Weise Dir,
Zwei Zeilen singt allein erst Jeder
Und wir zusammen dann die vier."
Und horch! Großvaters Harfen klangen
In Enkelhänden, als ob so
Aus jeder, darin sie gefangen,
Sich eine Seele rang und froh,
Daß sie erlöst, zur andern strebte

Anschmiegend sich mit süßem Fug,
Ein' in die andre sich verwebte
Ein' um die andre Flügel schlug.
So die zwei Stimmen, die nun sangen
Geschieden bald und bald verschränkt,
Sich wechselnd hoben und umschlangen,
Wohllaut gesättigt und getränkt.
Zu reinen Höhn empor getragen
Jedwede ihren Aufschwung nahm,
Es strömt' und schwoll wie Herzensfragen,
Darauf auch Herzensantwort kam.
Tannhäusers Stimme hoch und helle
Und Irmgard tief und voll hinein
Wie eine mondbeglänzte Welle
Und er wie goldner Sonnenschein,
Das rollte hin und floß zusammen
Und stand wie funkelndes Geschmeid,
Wie eines Feuers lichte Flammen,
Wie einer Seele Lust und Leid.
Die Töne schlugen freie Brücken,
Darauf ging Herz zum Herzen ein,
Die Augen strahlten von Entzücken,
Drin spiegelte sich Mein und Dein!
Da war's, als ob es um sie lebte
Und herbeschworen, hergespielt,
Der Geist des Alten um sie schwebte
Und über sie die Hände hielt.

Ich möchte schweben über Thal und Hügel,
Mit meiner Liebe Leid allein zu sein.

Und nähmest Du der Morgenröthe Flügel,
Ich holte Dich mit meiner Sehnsucht ein.

Die Winde sausen und die Wipfel rauschen,
Und von den Zweigen klingt das alte Lied,
Dem alle Herzen auf der Erde lauschen,
Daß nie von Leide sich die Liebe schied.

Ich möchte auf das Meer hinaus mich wagen,
Wo niemals tönet eines Menschen Wort.

Und würdest noch so weit Du auch verschlagen,
Die Hoffnung fände Dich im fernsten Port.

Der Himmel blauet und die Sterne blinken,
Nur leise wogt es auf der stillen Fluth,
O meiner Wünsche Ziel, dahin zu sinken,
Wo's sich in süßen Träumen selig ruht!

So will ich nun das bange Schweigen brechen
Und meine Lust und Liebe Dir gestehn.

Und wie im Frühling alle Knospen brechen,
Soll Dir und mir ein Wunder nun geschehn.

In Blumen steht der Wald, die Böglein singen,
Es glänzt und schäumt des Baches Silberlauf,
Und wenn wir uns mit Armen nun umschlingen,
Jauchzt um uns her die Welt in Freuden auf.

Zwei goldne Becher sind mir Deine Augen,
Darinnen funkelt aller Liebe Lust,
Was soll der Tag mir, was die Nacht noch taugen,
Als nur zu athmen noch an Deiner Brust.

Irmgard nahm, als er weggeritten,
Die Harfe, dazu Heinrich sang,
Noch einmal ihre Finger glitten
Darüber hin, daß laut sie klang:
„Ihr Saiten, sagt es mir! was blühte
In eurem und in seinem Ton?
Was war's, das ihm vom Auge sprühte
Mit selig sehnsuchtsvollem Drohn?
War's Liebe? — o ich fühl' euch zittern!
Nicht Liebe? — Saiten, nur ein Wort!
Daß wie in leuchtenden Gewittern
Ein Blitz mir zeigt den fernen Port!"
Als aber von den unbewegten
Sie keiner Antwort Hauch verspürt,
Im Kuß sich ihre Lippen legten
Auf Saiten, die der Freund gerührt.

Am zweiten Tage kam er wieder,
Ersehnt, doch nicht erhofft so bald;
Sie stiegen in das Thal hernieder
Und gingen in den tiefen Wald.
Da war es in den kühlen Schatten
Der Laubgewölbe, drin sie sich
Fortwandelnd bald verloren hatten,
Gar kirchenstill und feierlich.
Wie durch vielköpfiges Gedränge
Ein Königspaar bewundert geht
Und schauend, ehrfurchtsvoll die Menge
In tiefem Schweigen seitwärts steht,
So all das Waldvolk und Gesinde
Auf Stiel und Stengel, Stamm und Stock
Mit glatter, mit bemoster Rinde,
In buntem Staat und grünem Rock.
Die Aeste reckten sie und blickten

Mit allen Blättern lauschend vor,
Die Blumen schauten auf und nickten,
Und jedes Hälmchen spitzt' ein Ohr,
Als freudenfroh durch Wald und Weide
Vorüber schritt das edle Paar,
Heinrich in ritterlichem Kleide,
Irmgard mit fliegend freiem Haar,
Um das den Zweig der jungen Eiche
Die Stirn beschattend sie sich band,
Die Blüthenstolze, Anmuthreiche,
Im sommerleichtesten Gewand.
Sie schwiegen auch; in Schweigen hüllte
Sich Alles heut im Waldeshaus,
Was Jedem ganz die Seele füllte,
Das „Liebst Du mich?" kam nicht heraus.
Sie dachten nur, was sie nicht sprachen,
Und waren sich auch schweigend nah,
Und aus Verlegenheit nur brachen
Sie sich ein Blümchen hier und da.
Doch Einer schaute zu dem Andern;
Wie Sonnenblitz im Laub sich fing
War's, wenn verstohlner Blicke Wandern
Herüber und hinüber ging.
Und traf sich Aug' in Auges Helle,
Erröthete, erschrak beinah
Jedeiner, weil er sich zur Stelle
Ertappt auf Herzenseinbruch sah.
Und lag doch für den lieben Hehler
So recht bequem der ganze Schatz,
Ließ doch für seinen Raub der Stehler
Gleich großen Reichthum auf dem Platz.
Wahrheitgestehend offnes Schweigen,
Irrthumbereitend dunkles Wort, —
Du machst das Ferne dir zu eigen,

Du aber scheuchst das Nahe fort!
Das weiß gar wohl die kluge Minne,
Und eh' zum Sturm sie Bresche legt,
Sorgt sie, daß sich in Schweigen spinne,
Was liebbeladnes Herz bewegt.
Frau Minne aber ungesehen
Schritt zwischen Zweien Hand in Hand,
Daß rechts und links in ihrem Lehen
Der Ritter und die Fraue stand.
Wie Rosen blühten Irmgards Wangen
Von ihres Herzbluts raschem Lauf,
Und tausend frische Knospen sprangen
Hoffnung bedeutend in ihr auf.
War auch in langen Zwischenräumen
Ein zwecklos Wörtlein mal gefalln,
Sprach doch weit mehr das stumme Träumen
Und Blicken von des Herzens Walln.
Sie wußten längst nicht, wo sie waren
Im Wald und sahen ihren Weg
Plötzlich versperrt vom Bach, dem klaren
Seicht zwar, doch breit und ohne Steg.
Und als sie sich davor befanden,
Schaut' er sie an, und sie ward roth,
Sie hatten lächelnd sich verstanden
Und wußten Rath in dieser Noth.
Ob er zuerst in schnellem Heben
Empor die schöne Freundin schwang,
Ob sie zuerst in halbem Schweben
Den Arm um seinen Nacken schlang,
Das wußte Keiner von den Beiden,
Denn kaum gedacht, war's schon geschehn,
Ein Waldvöglein nur könnt's entscheiden,
Das ihre Lust mit angesehn.
Er trug sie hoch auf seinen Armen,

Sein Haupt war, von dem Platz beglückt,
An ihrem Busen, dem viel warmen,
Halb angeschmiegt, halb angedrückt.
Denn innig hielt sie ihn umschlungen,
Auf seine Stirn geneigt ihr Kinn, —
Das Bächlein war gar bald bezwungen,
Noch immer trug er sie dahin,
Als wenn sie beide es nicht wüßten,
Daß längst er schritt auf trocknem Rain
Und daß sie doch nun enden müßten
Dies Tragen und Getragensein.
Doch als er sanft sie niedersetzte,
Ließ sie nicht los, hielt er noch fest,
War nicht der Erste, nicht der Letzte,
Als Mund nun lag auf Mund gepreßt.

Kein Wort! kein Abschied ward genommen,
Noch einmal drückte Hand die Hand,
Dann schnell zu Fuß, wie er gekommen,
Floh in den Wald er und verschwand.
Ihr schlug das Herz bis zum Zerspringen,
Nun wußte sie's, was sie gefragt,
Nicht seine Worte, nicht ihr Singen,
Sein Schweigen hatt' es ihr gesagt.
Da quollen Thränen durch die Lider,
Nur ihn im Walde sah sie noch,
Aufjauchzend warf sie sich danieder
In Gras und Moos: „Er liebt dich doch!"

VI.

Cristan und Isolde.

Auf dem Scharfenberge wieder
Saßen im Gemach der Burgfrau
Jene Drei, vom Donauufer
Ihrer österreich'schen Heimat
Herverschlagen, froh zusammen,
Und Tannhäuser trug den Frauen
Sein Gedicht von Luarin vor.
Irmgard hatt' ihn drum gebeten
Und erlaubt, ja selbst gewünscht,
Daß Beate auch dabei sein
Und die Lesung hören durfte;
Denn des Herzens Wunsch bezwingend
Suchte jetzt sie das Alleinsein
Mit dem Freunde zu vermeiden
Und Beate stets als Dritte
Festzuhalten, eine Absicht,
Die die Schaffnerin erkannte
Und nach Möglichkeit durchkreuzte,
Denn sie hatte ihre Pläne
Mit der Herrin, die sie liebte,

Deren Glück sie einzig wollte.
Irmgard schämte sich, der Trauten
Ohne Umschweif zu befehlen:
„Laß mich nicht allein mit Heinrich!"
Aber Winke, halbe Worte
Wollte jene nicht verstehen
Und erhaschte keck und findig
Jeden Vorwand zu entschlüpfen,
Um die Zwei allein zu lassen.
Jetzt nun saß sie bei dem Paare,
Und Tannhäuser las mit Freuden
Sein Gedicht vom Rosengarten.
Er verstand sich auf das Lesen;
Vor den Hörerinnen wurden
Die Gestalten und der Hergang
Bis ins Kleinste so lebendig,
Daß gefesselt von dem Vortrag
Sie mit größter Spannung lauschten.
In Beatens Händen ruhte
Oft die leichte Nadelarbeit
Bei der Schilderung des Kampfes
Im Tyroler Zauberberge.
Irmgard horchte, in den Sessel
Sanft gelehnt, und ihre Augen
Hingen an des Lesers Zügen,
Um durch diese Doppelthore
So des Sehens wie des Hörens
Innigst in sich aufzunehmen,
Was in des Geliebten Seele
Einst gekeimt, geblüht, gerungen
Und mit seines Mundes Klange
Doppelt liebwerth ihr und reizvoll
Nun in ihre überströmte.
Als er mit den letzten Worten

„Hier nun hat das Buch ein Ende,
Gott uns seine Hülfe sende!"
Seine Lesung schloß, blieb's stille,
Lautlos stille im Gemache,
Denn der schöne Eindruck wirkte
Noch so mächtig auf die Frauen,
Daß nicht eine sprechen mochte,
Und der Sänger wandte selber
Lächelnd sich zuerst zu Irmgard
Doch bevor noch seinen Lippen
Nur ein Wort entfloh, ertönten
Nahe vor des Zimmers Thüre
Plötzlich laute Geigenklänge,
Flinke, sichre Bogenstriche,
Daß erstaunt die Drei sich ansahn.
Ei! das siedelte so lustig,
Meisterlich und übermüthig,
Daß sie gern ein Weilchen lauschten.
Aber dann von seinem Sitze
Sprang Tannhäuser lachend, jubelnd:
„Wenn's der Fiedelvogt nicht selber,
Ist's sein Geist, der siedelnd umgeht!"
Riß die Thür auf, — und wahrhaftig!
Da — da stand der alte Graubart
Hochgewaltig wie ein Hüne,
Geigt' und geigte immer weiter.
„Komm herein, Du alter Eisbär!"
Rief der Sänger, „bist willkommen!"
Packte selber ihn am Arme,
Und mit langen, steifen Schritten
Trat der Alte ein und lachte
Mächtig laut im tiefsten Basse,
Daß die langen, grauen Locken
Schütternd um das Haupt ihm tanzten.

Allen Drei'n von ganzem Herzen
War der alte liebe Spielmann
Auf der Ritterburg willkommen,
Ward begrüßet und geehret
Wie ein Gast von Stand und Würden.
Vor ihm auf dem Tische schäumte
Bald ein Humpen besten Bieres,
Den er wahrlich nicht zurückschob,
Und dann mußte er erzählen,
Wo er herkam, was er schaffte,
Und wie's ihm seither ergangen.
„Na, ich hatt' ein leidlich Leben,"
Sprach der Alte mit Behagen,
„Bin die Kreuz und Quer gewandert,
Hab' im heil'gen Röm'schen Reiche
Manchen Fußstapf wieder stehen,
Seit wir uns am Rheine trennten,
Habe auch nach Herzenslust
Mich mal wieder ausgesiedelt,
Kriegt' es aber mit der Sehnsucht
Dann nach Euch und spürte stöbernd,
Wo in aller Welt Ihr stecktet.
Leicht war's nicht, Euch hier zu finden,
Denn ich sucht' Euch ganz wo anders."
„Und doch findet Mancher manchmal,
Was er nicht gesucht; nicht, Irmgard?"
Sprach der Ritter, „siehst Du, Jonas,
Kennst doch diese edle Fraue
Und auch diese lust'ge Wittib?
Sind vom Kürenberge beide."
„Weiß schon, weiß schon, weiß schon Alles,"
Sprach der Fiedelvogt, „ich komme
Graden Wegs von Isenach,
Hab' bei Meister Hellegrese,

Eurem Wirthe zu den Linden,
Mir auch schon Quartier bereitet,
Und so hausen wir nun wieder
Denn zusammen wie zu Wiene."
„Bist willkommen!" sprach der Ritter,
„Wenn ich nichts zum Pfühle habe,
Als den Sattel, so gehöret
Mir vielleicht die eine Seite,
Aber Dir gewiß die andre;
Haben Scheitel gegen Scheitel
Manchesmal schon so gelegen,
Ich nach Süden, Du nach Norden,
Und auf Deiner Sattelhälfte
Schnarchtest Du gleich einem Bären."
Dröhnend aus der rauhen Kehle
Donnerte des Alten Lachen.
„Komm' auch nicht mit leeren Händen,"
Sprach er dann, „bring' Euch was Neues
Und was Schönes mit im Rucksack,
Was? ja was! ein herrlich Lied ist's,
Wie noch nimmer eins geschrieben;
So ein Lied von Ritterwesen
Und von süßer Frauenminne,
Tristan und Isolde heißt es,
Und der's schrieb, heißt Meister Gottfried,
Reichen Bürgers Sohn in Straßburg
Und des hohen Rathes Schreiber."
„Gieb! gieb her! nie hört' ich davon,"
Sprach der Sänger, „laß mich's sehen!"
„Ja, in Isenach beim Wirthe
Liegt es, liegen sie," sprach jener,
„Denn in Doppelabschrift bring' ich's,
Eine schenk' ich Euch, die andre
Wird ja wohl der Landgraf kaufen

Und die Eure mitbezahlen
Bei dem Handel, denk' und hoff' ich."
„Wirst doch handeln nicht und schachern,
Du, ein Spielmann?" sprach der Ritter,
„Schenkst Du mir die eine Abschrift,
Kauf' ich selber auch die andre
Und verehre sie Herrn Hermann."
„Meinetwegen! mir soll's recht sein,
Und Ihr sollt sie bill'ger haben,
Als der Landgraf; was sie kostet,
Zahlt Ihr mir, mehr keinen Pfennig!"
Sagte Fiedelvogt, Euch aber,
Edle Frau vom Scharfenberge,
Die ich als ein Kind schon kannte
Sammt der lustigen Beate,
Ehren=Hawarts kluger Tochter,
Sag' ich Dank für diesen Tropfen!"
„Doch wie wär' es," lachte Irmgard,
„Mit noch einem zweiten Tröpflein?"

„Na, ich schwör's nicht ab, 's ist staubig
Allenthalben auf der Landstraß,
Wann die Mücke tanzt, ich meine
Vatersschwester Brudersohne
Wird ein zweiter nicht gleich schaden."
„Sicher nicht!" rief schnell Beate,
„Kommt nur mit und zapft ihn selber."
Leise mit dem Ellenbogen
Stieß sie ihn und blinzt' und winkte.
„Ja doch! ja doch! hab's verstanden,
Hol' ihn nur! ich sitze gut hier!"

„Wollt Ihr ihn nicht selber zapfen
Frisch vom Faß in unserm Keller?"

„Ja warum denn? was — was trittst Du
Mich nur immer mit den Füßen?"

„Mit in Keller kommen follt Ihr!"
Sprach fie mit den Brauen winkend
Und dem Ellenbogen puffend.

„Ach, ja fo! hm! hm! ja freilich!
Ja natürlich! dann! dann komm nur!
Frifch vom Faß, da geht nichts drüber!
Alter, merkft du was?"   Jetzt ging ihm
Erft ein Licht auf und er fchielte
Nach dem Ritter und der Fraue,
Welche, mit fich felbft befchäftigt,
Nichts von diefen Zaunpfahlwinken
Merkten oder merken wollten.
Schaffnerin und Spielmann gingen;
Aber kaum die Thür im Rücken,
Blieb Spervogel ftehn und zeigte,
Höchft verfchmitzt ein Auge fchließend,
Pfiffig fchmunzelnd, mit dem Daumen
Rückwärts über feine Schulter:
„Hm??" — „Hmm!! alfo endlich!" machte
Nun die Schaffnerin und klopfte
Mit der Fauft an ihre Stirne,
„Bärenfchädel!" — „Wieder Eine!"
Sprach der Alte. — „Na warum nicht?
Sie ift fchön und reich und Wittib,
Wenn fie's auch nicht glaubt, fie ift es,
Und zu jung noch, um als Nonne
Ohne Liebeslust zu feufzen;
Helft nur, daß ein Paar fie werden."
„Wenn es Minne galt und Frauen,
War dem Ritter meine Hülfe
Nie von Nöthen," fprach der Alte,
„Aber wollen's überlegen,
Brau' ihr doch ein Liebesträuklein,

Habe so was jüngst gelesen."
Und sie stiegen in den Keller.

Irmgard und Tannhäuser waren
Doch allein nun mit einander.
Ein gebietend Wort der Burgfrau
Hätte leicht den durst'gen Spielmann
Auf dem Platze festgehalten
Und Beatens List vereitelt;
Doch sie ließ den Schalk gewähren,
Der allstunds in jener steckte,
Um nicht ängstlich zu erscheinen
Und dem Freunde eine Schwäche
Nicht zu zeigen, die entweder
Zur Benutzung ihn ermuth'gen
Oder ihn verletzen mußte.
Wußte er's, daß sie ihn liebte?
Hatt' es ihm der Kuß im Walde
Nicht verrathen, zu dem selber
Redlich sie die volle Hälfte
Wonnetauschend beigetragen?
Ach! er war so süß gewesen!
Und doch reute er sie beinah'.
Aber von dem Lustgefühle,
Auf des Freundes Arm zu schweben
Und an seinem Halse hängend
Sich von ihm geliebt zu wissen,
Ueberwältigt, hatte selbst sie
Reicher Liebe rothe Blüthe
Voll gegeben, rasch genommen.
Er schien ihr seit jenem Tage
Ruhig und in stetem Gleichmuth,
Doch sein Auge weilte prüfend
Und voll tiefer Gluth oft auf ihr,

Und sie fühlte von dem Blicke
Wie berührt sich und umfangen.
Wußt' er's nicht, daß sie ihn liebte?
Ganz undenkbar war's ihr anders,
Als daß er, der Frauenherzen
Zu ergründen sehnlichst suchte
Und wohl zu ergründen wußte,
Auch das ihre schon erforschte
Oder bald erforschen würde,
Vielleicht, ohne daß sie's merkte,
Vielleicht mit der offnen Frage:
Irmgard, liebst Du mich? Das war es,
Was sie kommen sah mit Fürchten,
Diese Frage und die Antwort,
Die sie darauf geben mußte,
Geben würde, — und was dann?
Ach! gemischt in dieses Fürchten
War ein unbesiegbar starkes
Und beseligendes Hoffen.
Keinen Klang im weiten Weltall,
Keines andern Glückes Kunde
Hätte halb so gern gehört sie,
Als von Heinrichs Mund gesprochen
Minniglich das Wort der Liebe.
Nichts auch wünschte sie so sehnlich,
Als es selbst ihm zuzuflüstern.
Und doch bangte ihr im Herzen
Vor dem wonnigen Geständniß.
Dem mit zugedrückten Augen
Abgeschoßnen Pfeil verglich sie's,
Dessen Flug nicht mehr zu lenken,
Dessen Tragkraft weit hinaus wohl
Ueber Ziel und Rechnung ginge.
Und der Bogen war gespannt,

Doch die Hand des Schützen bebte,
Weil das Herz in Zweifeln schwankte.
Gestern wollte dem Geliebten
Sie entfliehn, in Klostermauern
Betend, büßend und entsagend
Sich verriegeln und vergraben,
Vor der Liebe sich zu retten,
Heute ihm im Sehnsuchtsdrange
In die offnen Arme stürzen,
Voller Inbrunst ihn umschlingen,
Nie mehr, nie mehr von sich lassen.
Doch wie drohenden Gefahren,
Unabwendlich schwerem Loose
Gern die Furcht des Herzens ausweicht
So lang möglich, also schaudert
Lange auch des Herzens Hoffnung
Vor dem sel'gen Augenblicke,
Der das Uebermaß des Glückes
Endlich, doch nur einmal, spendet.
Also Irmgard; sie auch drängte
Stets zurück noch die Entscheidung,
Und die drohte ihr am nächsten
Beim Alleinsein mit dem Freunde,
Wo des kleinsten Schweigens Ende
Leicht des Sprechens Anfang wurde
Von dem Einzigen und Allen,
Was die Seele ihr durchwogte.
Darum schnell, als die zwei Andern
Eben sich zum Gehen schickten,
Knüpfte sie so fest den Faden
Des Gespräches an die Dichtung,
Die Tannhäuser vorgelesen,
Fand soviel daran zu loben
Und nach allen Einzelheiten

Unerschöpflich viel zu fragen,
Daß gefesselt von dem Inhalt
Nie die Wechselrede stockte,
Bis der Sänger selber aufbrach
Und den Fiedelvogt herbei rief,
Ihm nach Eisenach zu folgen.
Denn ihn spornte die Begierde
Nach dem Lied des Meister Gottfried,
Daß der Spielmann hergetragen
Und so hoch ihm angepriesen.

Als Spervogel mit dem Ritter,
Der sein Roß am Zügel führte,
Durch das grüne Thal dahin schritt,
Sprach der Spielmann: „Herr, gedenkt Ihr
Noch des Tages, da wir beide
Auch so mit einander gingen
Nah' beim Adamunter Stifte?
Ihr in langer, schwarzer Kutte,
Weil ein Mönch Ihr werden wolltet,
Und wie ich da auf Euch einsprach,
Daß dem Kloster Ihr entfliehen
Und ein Ritter werden solltet?
Wißt Ihr's noch? und that ich Unrecht,
Euch die Lust der Welt zu pred'gen?"
„Nein, Du hattest Recht, mein Alter!"
Sprach Tannhäuser, „und ich dank' es
Dir zeitlebens, aber glaube!
Ausgehalten hätt' ich's nimmer,
Wäre früher oder später
Ihnen doch davon gelaufen,
Wenn auch mit geschorner Platte."
„Wißt Ihr auch noch," sprach der Alte,
„Wie den Traum von Eurer Mutter

Ihr mir da im Wald erzähltet?
Seht den Berg! da drinnen haust sie,
Die Ihr für die heil'ge Jungfrau
Damals in der Einfalt hieltet.
Dort im Berge wohnt Frau Venus,
Und wenn's Euch gelüsten sollte
Eines Tags, sie zu besuchen,
Unsres Wirthes alte Muhme
Weiß, wie man zum Berg hinein kommt
Und heraus, doch die Erlösung
Läßt dann lange auf sich warten.
Nämlich eine reine Jungfrau
Muß im hellen Vollmondscheine
Schweigend eine Eichel pflanzen.
Wenn daraus ein Baum gewachsen
Und sein Stamm so dick geworden,
Daß davon aus einem Stücke
Eine Wiege ist zu zimmern,
Dann erst wird der Held geboren
Und muß in der Wiege schlummern,
Der Euch, wenn er Mann geworden,
Aus dem Berg erlösen könnte."
„Was Du doch nicht Alles weißt schon!"
Lachte frohgemuth der Ritter,
„Andre fordern soviel Tage
Wie Du Stunden kaum zur Kundschaft,
Doch ich brauche und begehre
Keiner alten Muhme Weisheit.
Aber für Dich selber wüßt' ich
Einen Botendienst, — es eilt nicht,
Ruhe Dich erst ein paar Tage."

In der Herberg gab der Spielmann
Seinem ungeduld'gen Ritter

Gleich die beiden Lied=Abschriften,
Und des Schwertes kaum entgürtet,
Setzte sich Tannhäuser nieder
Voll Begierde, es zu lesen.
Schlaf kam nicht in seine Augen,
Denn je mehr und mehr er lesend
Sich darin vertiefte, wuchs ihm
Auch Bewundrung und Entzücken
An dem unvergleichlich schönen,
Meisterlich vollkommnen Kunstwerk.
Dieses hohe Lied der Liebe
Voll der tiefsten Herzenskenntniß
Fand in seiner eignen Seele
Einen Widerhall, der mächtig
Ihn erregte und daneben
Neid ihm und Beschämung weckte.
Wieder hatt' er hier vor Augen
Eines großen Zeitgenossen
Strahlend hohe Meisterschöpfung,
Die gleich Wolframs Parcival
An sein Zaudern ihn gemahnte.
Doch wie anders war der Inhalt,
Weltanschauung, Lebensdeutung
Hier in Tristan und Isolde,
Als in jenem Lied vom Grale!
Wolframs Kraft und dunkle Tiefe,
Die erschütternd, sprachgewaltig
Einer Heldenseele Ringen
Mit des Zweifels Grauen schildert
Und in demuthsvollem Glauben
Grübelnd nach Erlösung trachtet,
Die mit mythischem Geheimniß
Alles Daseins Ziel und Sehnsucht
In der reinen Gottesminne,

Ritterlich erkämpft, sich aufbaut, —
Welch ein Gegensatz zu Gottfried!
Hier im Lichtgewand der Schönheit
Zweier Herzen heiße Liebe,
Minnedrang und Minnefreuden,
Minneschuld auch, Leidenschaften,
Die, geweckt vom Zaubertranke,
Menschensatzung, Gottesordnung
Ueberspringen und durchbrechen.
Eine Fluth von klarem Golde
War das Lied im großen Ganzen,
Doch auch Kleinstes mit der Sorgfalt
Wahrer Meisterkunst gezeichnet
Und geschmückt, die Lust der Sinne,
Des Verlangens Ungestüm,
Muth und Wagniß, Trug und Listen
In verwegnen, argen Thaten
Aufgedeckt, darüber aber
Aller Sonnenglanz der Dichtung,
Alle Blüthenpracht der Sprache
Mit verführerischer Anmuth
Unerschöpflich ausgegossen.
Vor dem Riesengeiste Wolframs
Stand Tannhäuser voll Bewundrung,
Aber Meister Gottfried hatte
Aus der Seele ihm geschrieben,
Alle rücksichtslosen Gluthen
Seines eignen Minnesehnens
Aus der Tiefe 'raufbeschworen,
Und sich selbst sah er in Tristan.
Und Isolde? ach! er brauchte
Nach der Blonden nicht zu suchen;
Für Brangäne sogar fand er
Die Vertretrin, wen'ger schön zwar,

Doch vielleicht so dienstbeflissen
Und verschwiegen wie die Niftel;
Nur den Liebestrank verschmäht' er.
Aber Gottfrieds große Dichtung
Mußte die Geliebte lesen,
Und schon an dem nächsten Tage
Sandt' er ihr die eine Abschrift
Durch den Fiedelvogt zur Burg hin.
Auf den Umschlag aber schrieb er
Eigenhändig mit Bedeutung
So: „Tannhäuser seiner Irmgard
Tristans und Isoldens Liebe!"
Und die gleichen Anfangszeichen
Von den Namen der zwei Paare
Malte er mit bunten Lettern,
Wie's ihn Sumidus einst lehrte.

Landgraf Hermann nahm mit Freuden
Des Gedichtes zweite Abschrift
Aus Tannhäusers Hand entgegen
Voll Erwartung und Erstaunen
Ob des unbegrenzten Lobes,
Das der Held dem Werke zollte.
Um's den Andern auch auf einmal
Unverzüglich mitzutheilen,
Sollte es in seinem Beisein
Allen vorgelesen werden,
Und bald saßen auch die Sänger
Und die Ritter seines Hofes
Um den Fürsten, während wechselnd
Einer las. Am dritten Tage, —
Denn man las nur wenig Stunden
Jeden Tag — als es beendet,
Sprachen Alle voll Begeistrung

Von der wunderbaren Schönheit
Und dem Anmuthreiz des Liedes.
Auch der Landgraf stimmte freudig
In den ungetheilten Beifall
Und begab sich mit dem Buche
Dann zur Landgräfin Sophie,
Daß auch sie es kennen lerne.
Jetzt erhob im weiten Kreise
Sich Tannhäuser mit dem Vorschlag,
Ob man nicht Gottfried von Straßburg,
Dieses Liedes großen Meister,
Nach der Wartburg laden solle,
Ihn von Angesicht zu sehen,
Aller Sanggenossen Freude
An dem Werk ihm zu verkünden
Und mit Ehren ihm zu lohnen.
Alle stimmten diesem Vorschlag
Jubelnd zu, nur Walther blickte
Erst zu Eschenbach hinüber,
Der mit düsterm Stirnefalten
Schweigsam grollend saß, und frug ihn:
„Wolfram, bist Du einverstanden,
Daß wir Gottfried herberufen?"
„Nein! bei Helm und Schild!" rief Wolfram
Und erhob sich, „ich verbiet' es!
Thut ihr's doch, so räum' ich selber
Burg und Land, denn nicht begegnen
Mag ich ihm, der mich verhöhnte
Und im Liede schmählich angriff."
„Dich verhöhnte?" fragte Reinmar,
„Wo denn? wie nur? Deinen Namen
Hört' ich nicht im ganzen Liede."
„Habt ihr sie denn nicht verstanden
Jene Stellen," zürnte Wolfram,

„Die auf mich allein gemünzt sind?
Alles das von «Sprung des Hasen»,
«Wahnhoffnung», «mit Worten würfeln»
Und von «wilde Mären bildern»,
Von «des Strunkes dürrem Schatten»
Geht auf mich in Gift und Galle."
„Warum solls' denn just auf Dich gehn?"
Frug der tugendhafte Schreiber.
    „Weil im Parcival zu Anfang
Ich von einem Hasen rede,
Der am Wanderer vorbeispringt
Wie des Liedes Sinn an Thoren,
Die mich nimmerdar verstehen;
So der Schreiber da in Straßburg."
„Nicht zu leugnen ist es, Freunde,"
Ließ sich Biterolf vernehmen,
„Wolfram ist der Angegriffne
Und Gekränkte ohne Zweifel;
Laßt die Beiden mit einander
Mannhaft in die Schranken reiten,
Ihren Span dort auszufechten."
„Er ist ja nicht ritterbürtig,
Nennt sich Meister," sagte Wolfram,
„Soll ein schildgeborner Sänger
Mit dem Ersten Besten tjosten?"
„Noch ein ander Mittel weiß ich,"
Sagte Walther, „Euch versöhnen
Werdet ihr, wenn Mann dem Manne
Gegenübersteht, der Gottfried,
Der dies Lied schuf, ist ein Sänger
So wie wir von Gottes Gnaden."
„Siehst Du da noch Gottes Gnade."
Herrschte Wolfram, „wenn ein Sänger
Gottes heiligen Geboten

Also Hohn spricht, daß er rühmend
Treubruch, Minneschuld und Schandthat
Mit verführerischen Worten
Prunkend malt in seinem Liede?
Wenn er buhlerische Künste,
Liebeszauber, üpp'ge Weltlust
Und die frevle Gluth der Sinne
Lüstern, selbstgefällig schildert,
Wie Verrath und Trug und Arglist
Das Vertrauen bricht und schändet?
O es muß die Welt ihn scheuen,
Und wenn ihm die Hand zu reichen,
Engel mich und Heil'ge bäten,
Ich versagt's, so lang ich lebe!
Doch es giebt so Minnesinger,
Die mit leichtem, weitem Herzen
Stets von Minne überschäumen,
Irdisch Fühlen, irdisch Sehnen
Ueber Christenthum und Demuth
Und des Glaubens heil'ge Vesten
Mit Entzücken frech erheben,
Die, wenn sie ihr Liedlein klingeln,
Einen, der in Ernst und Wahrheit
Nur nach göttlich Hohem ringet,
Einen «Finder wilder Mären»,
Eines «Strunkes Schatten» nennen."
Wolfram hatte auf Tannhäuser
Unverwandt den Blick geheftet,
Als wenn seiner Rede Grollen
Er an ihn gerade richte.
Dieser hatte noch geschwiegen;
Jetzt trat er hervor, und mühsam
Die Erregung niederkämpfend
Sprach er mit erzwungner Ruhe:

„Eschenbach, Du schmähst ein Können,
Das Dir Stolzem selbst versagt ist,
Schmähst es, weil es Dir versagt ist.
Deinen Parcival kann Niemand
Höher preisen, mehr bewundern,
Als ich selber, und den Angriff
Meister Gottfrieds muß ich tadeln.
Doch laß Andern ihr Verdienst auch,
Die statt dumpfer Glaubensschwermuth,
Statt des Tiefsinns dunkler Worte,
Unfruchtbarer Zweifelskämpfe
Heitre Götter sich erkoren;
Die mit holder Anmuth Zauber,
Mit den Freuden des Genusses
Jede Lebenslust bekränzen,
Mit dem süßen Klang der Saiten,
Mit der Sprache reichsten Blüthen
Liebeswonnen schmückend schildern
Und von sel'ger Minne singen,
Wie Du selbst es nicht kannst, Wolfram.
Und ich sag' es und behaupt' es:
So wie dieser Meister Gottfried
Hier in Tristan und Isolde
Kann es Keiner doch von Allen.“
„Ausgenommen Ofterdingen!
Nicht? so meinst Du's,“ höhnte Wolfram,
„Möchtest gern vom blauen Himmel
Dir zum Kranz die Sterne pflücken
Und Genuß und Liebeswonnen
Dir ersingen und ertrotzen,
Wie kein Sterblicher sie ahnet.“
„Ja! und ja! und tausendmale
Ja, das will ich!“ rief Tannhäuser;
„Eine alte Märe weiß ich

Vom Prometheus, der das Feuer
Sich vom Sitz der Götter holte;
Der gefällt mir, diesem folg' ich,
Will mir auch etwas gewinnen,
Was kein Andrer noch besessen,
Und wer mir dabei in Weg tritt,
Der versuch' es! Keinem weich' ich,
Keinem beug' ich mich auf Erden;
Mit dem Trotze des Titanen
Will die Brust ich Jedem bieten,
Der mir widersteht im Streite!"
„Thor Du!" lachte Wolfram bitter,
„Meinest Du, mit Minneliedern
Den Olymp Dir zu erstürmen?
Schau! dort wohnen Deine Götter,
Wüst und öde und verworfen
Wie der Berg, darin sie hausen!
Ihrem schnöden Götzendienste
Ist Dein üppig Herz verfallen;
Steig hinan zum Hörselberge,
Wirf der list'gen Valandinne,
Dich in die verbuhlten Arme
Und versink in ihre Hölle,
Gnadenlos von Gott verdammet!"
„Waffen, Wolfram! Kampf ist kommen!
Decke Dich!" so schrie Tannhäuser,
Und die blanke Klinge blitzte.
Doch sie sprangen schnell dazwischen,
Mahnen, Schelten, Drohn und Murren
Wurde laut und wild Getümmel.
Marschall Heinrich Eckartsberge
Rief gebietend: „Ofterdingen!
Fort das Schwert in Hermanns Namen!
Ein verlorner Mann ist Jeder,

Der der Burg den Frieden störet!"
Walther aber sprach zum Freunde:
„Heinz, bei Deiner Ritterehre!
Zähme Deines Blutes Wildheit,
Hier sind dreißig gute Klingen,
Widerstand ist Dir unmöglich.
Was gesagt ist und gestritten,
Unsre Meisterkunst betraf es,
Und es ist nicht Sangessitte,
Statt der Worte und der Gründe
Scharfes Eisen zu gebrauchen,
Sängerruhm wird nun und nimmer
Mit dem bloßen Schwert erfochten,
Deine Lieder führ' ins Treffen!"
„Walther! Du hast Recht! Dir dank' ich!"
Rief Tannhäuser, „denn ich kam ja
Nur zum Streit mit Sang und Saiten,
Also sei es nun und gelte!
Alle fordr' ich euch zum Kampfe
Noch einmal, in höchster Wette
Mich mit Liedern zu besiegen
Oder mir den Kranz zu lassen,
Und ein Schelm ist, wer sich weigert!"
„Angenommen!" sagte Wolfram,
„Aber nicht zum eitlen Spiele,
Hohe Kunst dient nicht der Kurzweil,
Es sei Ernst auf Tod und Leben,
Und ein Schelm ist, wer sich weigert!"
Jäher Schrecken packte Alle,
Lag auf Aller Angesichten.
Blut'ger Zweikampf in den Schranken,
Scharfes Stechen, Tod in Schlachten,
Davor graute nie den Tapfern,
Doch ein Liederstreit ums Leben

Dünkt' auch die Beherzten furchtbar.
Aber wie der große Donnrer,
Unerschütterlich, unnahbar
Stand da der gewalt'ge Wolfram,
Kalt und fest auf Ofterdingen
Seines Blickes Pfeil gerichtet.
Fürchterliche Stille herrschte,
Keiner wagt' ein Wort zu sprechen,
Auch nicht Walther, Alle starrten
Auf die Zwei; Tannhäusers Antlitz
Schien ein wenig bleich geworden,
Doch ihm zuckte keine Wimper,
Als von seinem Mund die Antwort
Fest erklang: „Auf Tod und Leben!"
Wolfram wandte sich dann wieder
Stolz den Andern zu und sagte:
„Wir sind hier der Sänger fünf
Gegen einen, doch ich stehe
Für euch Alle ein; Du, Walther,
Setzest fest den Tag der Wette
Wie des Kampfes Recht und Ordnung,
Und bis dahin walte Frieden!"

Unbeschreibliche Bestürzung
Gab's am Hof, in Burg und Stadt
Bei der kaum geglaubten Kunde
Von der Ausfordrung zum Kampfe
Im Gesang, auf dessen Ausgang
Eines großen Sängers Tod stand.
Nicht die Frauen bloß erbebten
Vor dem unerhörten Wagniß,
Schicksalsschwer wie Gottesurtheil,
Auch den Männern selbst und Rittern
War dabei nicht wohl zu Muthe.

9*

Hell in Zorn gerieth der Landgraf;
Hier auf seiner hohen Wartburg,
Die des Friedens edlen Künsten,
Sangeslust und Lebensfreuden,
Jedem gottbegabten Sänger,
Jedem armen, braven Spielmann
Allezeit ein Hort und Heim war,
Sollte solch Gericht geschehen?
Einer sich den Tod ersingen?
Niemals! er verbot den Wettkampf.
Als die Sänger aber drohten,
Dann auf anderem Gebiete
Sich die Walstatt zu bereiten,
Sucht' er zwischen den Parteien
Zu vermitteln, wie er konnte,
Mildere Bedingung heischend
Für den wirklich Ueberwundnen,
Jede Sühne, nur den Tod nicht.
Doch vergeblich, Ritterwort
War gegeben und genommen,
Keine Macht der Erde tilgt' es,
Wenn die Streiter es nicht thaten.
Osterdingens Trotz und Kampfgluth,
Eschenbachs unbeugsam stolze,
Felsenfeste Willensstärke
Ließen aber keine Hoffnung.
Hermann konnte selbst von Walther,
Der für beide Vollmacht hatte,
Nur erreichen, daß er selber
Als des Wettkampfs erster Schiedsherr
Vier Grieswärtel küren durfte
Auf sein Fürstenwort gelobend,
Strenge und gerecht zu richten.
Und der Fiedelvogt! er zankte

Ohne Maßen mit dem Sänger,
Schalt ihn aus wie einen Knaben,
Der auf dummem Streich ertappt war,
Nannt' es tollkühn und vermessen,
Sündhaft, schändlich, unvernünftig,
Eine gottvergeßne Wette.
„Hätt' ich nur das unglückfel'ge
Lied nicht mitgebracht aus Straßburg,
Das den Handel angestiftet!
Rächt sich Lust und Schuld der Minne
Nicht allein an ihren Thätern?
Müssen's auch noch die entgelten,
Die davon nur lesen?" rief er.
„Hast nicht gar so Unrecht, Alter!"
Sprach Tannhäuser, „in der Minne
Steckt ein Geist mit starken Kräften,
Guten, edeln, doch auch bösen,
Und wer sich der Minne freu'n will,
Sehe zu, daß ihm des Geistes
Gute Kräfte dienstbar werden;
Andernfalls mit seinen bösen
Wird der Dämon übermächtig,
Treibt in Schuld den Unterjochten
Und spinnt daraus ein Verhängniß,
Das sich fort erbt durch Geschlechter
Und auch die, die seitwärts stehen,
Wohl noch trifft mit seinen Folgen.
Doch sei ruhig! ich beherrsche
Jenen Geist, und mir gehorchen
Willig seine guten Kräfte
Und, wenn's sein soll, — auch die bösen.
Darum sehe ich dem Kampfe
Muthig und getrost entgegen,
Und für Dich giebt es zur Stunde

Wichtiger's zu thun, als schelten.
Mach' Dich flugs auf Deine Füße
Nach Burg Scharfenberg, bestelle
Meinen Gruß und Dienst Frau Irmgard,
Und sie möchte mich entschuld'gen,
Daß so lang ich fern geblieben,
Meine Sehnsucht schwebte um sie,
Und ich käme nächster Tage. —
Dieses diene Dir zum Vorwand;
Doch der Zweck ist, zu verhüten,
Daß vom Wettstreit sie erfahre.
Zieh Beaten ins Vertrauen,
Sag' ihr Alles, eh' von Andern
Sie es hört und weiter plaudert.
Nimm ihr einen schweren Eid ab,
Ihrer Herrin gegenüber
Unbedingt davon zu schweigen
Und zu wachen und zu sorgen,
Daß kein Anderer Frau Irmgard
Etwa Nachricht davon bringe,
Niemand auch vom Burggesinde
Es der edlen Frau verrathe,
Bis ich selbst es ihr verkünde. —
Hast Du mich verstanden, Alter?
„Sollt' es meinen!" brummte nickend
Und gedankenvoll der Spielmann;
„Habt Ihr das so lang geplant schon,
Daß Ihr es im Voraus wußtet,
Als Ihr neulich spracht, Ihr hättet
Einen Botendienst für mich?"
  „Nein, das war ein andrer Auftrag,
Ungleich schwieriger und größer,
Magst ihn auch gleich mit vernehmen:
Du mußt mir Gewißheit schaffen

Zweifellos, ob Irmgards Gatte,
Ritter Kurt von Scharfenberg,
Annoch lebet oder todt ist.
Unter König Ottos Fahnen
Kämpfte er, und keine Kunde
Kam von ihm seit vielen Monden.
Nicht um mich ist's, mußt Du wissen,
Sondern mehr um Irmgards willen,
Daß sie endlich es erfahre,
Ob sie Gattin noch, ob Wittwe."
„Dies begreife ich noch besser,"
Sprach der Alte, „und verspreche,
Euch Gewißheit zu verschaffen;
Werde meine lieben Kinder,
Alle Spielleut, die im Reiche
Frei wie wilde Bienen schwärmen,
Dazu in Bewegung setzen,
Daß sie fragen, forschen, horchen;
Doch ich weiche nicht von hinnen,
Eh' nicht Eure Sangeswette
Auf der Wartburg sich entschieden;
Dann sogleich geht's auf die Wandrung,
Wenn die alten, morschen Knochen
Nur nicht manchmal schon versagten!"

   „Gut! so hast Du noch sechs Tage,
Dich zu ruhen und zu pflegen;
Doch nun fort zum Scharfenberge,
Lose Zungen dort zu binden!"

VII.

Vor dem Kampfe.

ede Morgenröthe brachte
Näher schon den Tag des Kampfes,
Und es drang davon die Kunde
Schnell in immer weitre Kreise.
Auf den Burgen rings im Lande
Machten Ritter sich und Frauen
Schon bereit, dem großen Feste,
Das man in den glanzgewöhnten,
Gastlich offnen Hall'n der Wartburg
Sich erhoffte, beizuwohnen.
Bald auch unterm Ingesinde
Auf dem Scharfenberg ward's ruchbar,
Und Beate hatte Mühe,
Daß etwa kein Zufallswörtlein
An der Herrin Ohr gelangte.
Doch schon leid war's ihr geworden,
Daß sie es dem Fiedelvogte
Hoch und heilig zugeschworen,
Von der Ausfordrung zu schweigen.
Alle ihre Sorge drehte

Sich um Irmgards Glück und Zukunft,
Und wenn ihr sie's sagen dürfte,
Welches grauenhafte Schicksal
Ihrer stillen Liebe drohte,
Hätte jene Macht und Mittel
Wohl gefunden, von dem Freunde
Und sich selbst es abzuwenden.
Doch er hatte ja versprochen,
Es der Herrin selbst zu sagen,
Und dann wollte sie, Beate,
Keinen Augenblick verlieren,
Um zu schüren und zu warnen. —
Auch im Kreis der Sänger herrschte
Peinliche, gedrückte Stimmung.
Wolfram, der zwar nicht die Fordrung,
Doch den Streit veranlaßt, wollte
Für die Andern alle einstehn
Und allein im Liederwettkampf
Tod verhängen oder leiden.
Niemand aber dachte daran,
Daß des Parcivals Erzeuger
Irgend einem andern Sänger
Weichen könnte, Niemand mocht' auch
Dem Gedanken sich ergeben,
Diesen Hohen zu verlieren.
Aber auch für Osterdingen,
Dessen große Kunst die Andern
Mehr noch ahnten, als erkannten,
Hegten die vier Kampfgenossen
Theilnahmsvolle Gunst und Meinung.
Alle fühlten sie für Wolfram
Mehr Bewunderung und Ehrfurcht
Und für Osterdingen Alle
Mehr des Herzens warme Neigung,

Und es dünkte sie unmöglich,
Schier an Mit= und Nachwelt frevelnd,
Einen der zwei edlen Sänger
In des Lebens reichster Blüthe,
In der Vollkraft seines Schaffens
· Für des Ruhms Phantom zu opfern.
Aber ach! da war kein Ausweg
Aus dem Labyrinth der Sorgen.
Rathlos saßen sie zusammen,
Denn vor jeden neuen Vorschlag
Schob unlöslich, unverrückbar
Immer sich der Ehre Riegel.
Biterolf, Reinmar von Zweter
Und der tugendhafte Schreiber
Hatten nur noch eine Hoffnung:
Walther von der Vogelweide
Sollte noch einmal zu beiden
Als Vermittler sich begeben,
Ob nicht mildere Bedingung
Füglich zu erreichen wäre.
Walther sprach: „Ihr glaubt es selbst nicht;
Wenn ihr fordertet, ich sollte
Von dem Berge dort die Wartburg
Auf den Inselsberg versetzen,
Wär' kaum schwieriger der Auftrag,
Als es der ist, Wolframs Willen
Und Tannhäusers Trotz zu lenken.
Doch ich gehe, um noch einmal
Wunsch und Worte zu verschwenden;
Hoffnungslos ist's, doch ich thu' es,
Mein Gewissen zu beruh'gen
Und nichts unversucht zu lassen."

Walther, der als Gast des Fürsten
Selber auf der Wartburg wohnte,
Traf den Freund in seiner Wohnung
Die er sich bei einem Wirthe
Namens Gottschalk eingerichtet.
Wolfram schritt in dem Gemache
Auf und nieder und dictirte
Seinem Schreiber in die Feder,
Den er nun sogleich entließ,
Weil er's seinem edlen Freunde
Auf den ersten Blick schon ansah,
Daß er nicht um Kleines komme.
Aber als ihm ohne Umschweif
Walther vorgelegt die Frage,
Ob denn er nicht Rathes wüßte,
Wie man wohl den Liederwettstreit
Noch zu leidlich gutem Ende
Und mit Ehren bringen könnte,
Schüttelt' er sein mächtig Haupt
Und sprach finstern Angesichtes:
„Ofterdingen hat uns Alle
Zu dem Kampf herausgefordert,
Und wir haben's angenommen,
Oder ich that's für uns Alle;
Dabei bleibt es, ich beharre.
Nicht zum Spiel, in bitterm Ernste
Gehe ich hinauf zur Wartburg
Zweifelhaftem Loos entgegen
Und nicht wissend, ob den Rückweg
Ich lebendig wieder wandle;
Aber Wort ist Wort, unbiegsam
Grade wie der Schaft am Pfeile."
„Du hast ihn gekränkt," sprach Walther,
„Hast mit scharfen, schlimmen Worten

Ihn zum Aeußersten getrieben,
Weil Du selbst vom Angriff Gottfrieds
Auf das Heftigste erregt warst."
„So! ich ihn gekränkt!" rief Wolfram,
„Du mit Deinem Kindesherzen
Siehst nicht ein, daß Ofterdingen
Jenes Tages Schimpf und Schande
Recht mit Absicht mir bereitet?
Er, der Einzige von Allen,
Kannte Tristan und Isolde,
Wußte also, wie sein Sänger
Hieb auf Hiebe mir versetzte,
Und das freute Ofterdingen,
Neid und Schadenfreude trieb ihn,
Mich dem Spotte preiszugeben."
„O des schmählichen Verdachtes!"
Sagte Walther, „nimmer glaub' ich's!
Unbedacht, nicht hinterlistig,
Auch nicht neidisch ist Tannhäuser,
Heißes Blut rollt ihm in Adern,
Treibt das Herz ihm auf die Zunge
Und die Hand zum Griff des Schwertes.
Er, ein Mann an Muth und Ehre,
Ist an Rath und Sinn ein Jüngling
Und dazu ein viel verwöhnter,
Dem bei Fürsten wie bei Frauen
Stets das Glück die Wege bahnte,
Dem die Führung weiser Freundschaft
Wohlthat ist und auch Bedürfniß."
„Brich erst seinen Trotz und Hochmuth,"
Grollte Wolfram, „denn nicht früher
Ist er fügsam und gelehrig.
Hast ja selbst ein Lied gesungen,
Daß man nicht mit schwanker Gerte

Knabenwildheit zähmt und bändigt;
So bei ihm; nur Keulenschläge
Von der schweren Hand des Schicksals
Beugen diesen Uebermüth'gen,
Und deß will ich ihn getrösten,
Denn wie Blitz und Hagelsturm
Soll mein Lied ihn niederschmettern."
„Wohl! durch Deines Zornes Dröhnen
Hör' ich wie aus weiter Ferne
Einen Ton von Milde, Wolfram,"
Sagte Walther, „ich verstehe,
Du willst Osterdingen beugen
Ohne ganz ihn zu vernichten,
Und ich geh' nicht ohne Hoffnung."
„Hoffe nichts von mir!" rief Wolfram,
„Es giebt alt' und junge Stämme,
Die man knickt und bricht beim Beugen."

Walther ging nun zu Tannhäuser
Und fand ihn in freister Stimmung.
Mit dem Fiedelvogte saß er
In des Wirthes Gartenlaube,
Und vor ihnen auf dem Tische
Standen eine hohe Kanne
Und zwei Becher, draus sie tranken;
Auch des Fiedelvogtes Geige
Fehlte nicht, sie hatten wechselnd
Drauf gespielt und froh gesungen.
„Gottwillkommen!" rief Tannhäuser
Walthern freudevoll entgegen,
„Kommst wie stets zur rechten Stunde,
Hier ist Wein, und hier sind Lieder,
Rücke her, Du Lieber, Guter!
Alter, hole einen Becher

Für den werthen Gast, geschwinde!
Blanker Meißner ist es, Walther!
Rein und klar, ich darf ihn loben."
Walther aber sprach: „Ich finde
Dich in voller Freude, Heinrich,
Könnt' ich nur auch Freude bringen!
Ernste Zwiesprach mit Dir such' ich."
    „Bringst Du Dich doch selbst, mein Walther!
Und das ist mir hohe Freude.
Was Du sonst noch hast zur Zwiesprach,
Daß die freie Stirn Dir wölket,
Kann ich allenfalls errathen.
Was wird's sein? noch eine Klausel,
Nicht des Nennens werth, zum Wettkampf.
Muß ich's wissen, sag' es kurz nur!
Muß ich nicht, so schweige lieber!
Denke ich doch an den Festtag
Schon mit Freuden, denn Du weißt ja,
Daß ich so nichts Andres liebe,
Daß mich so nichts lockt und reizet,
Als wie alles das, was Kampf heißt;
Und der größte Kampf, den jemals,
Außer mit mir selbst, ich ausfocht,
Steht jetzt vor mir; welche Waffen!
Lieder, höchste Kunst des Sängers!
Welcher Gegner! keinen bessern
Fänd' ich auf dem ganzen Erdkreis,
Und des Kampfes Preis? das Leben!
Nun, Dich selber frag' ich, Walther:
Lohnt sich's nicht, den Kampf zu kämpfen?
Leichtgerüstet, stolz und freudig
Gehe ich hinein und wage
Kraft und Ehre, Ruhm und Leben;
Wie er enden wird, — wer weiß es?!

Doch genug! voll sind die Becher
Wie mein Herz voll Muth und Hoffnung,
Laß sie schwenken uns und leeren,
Komm! weil wir noch leben, Walther!
Und will's Gott, sei's nicht der letzte!"

Beide Sänger und der Spielmann,
Den die Zwei wie ihres Gleichen
Hoch in Gunst und Ehren hielten,
Stießen fröhlich an und tranken.
Vor Tannhäusers lautem Jubel
War mit seinem Auftrag Walther
Gar noch nicht zu Wort gekommen,
Und er sagt' es sich schon selber:
Da war jedes Wort vergeblich.
Hier war Einer, der voll Kampflust
Auf's verhängnißvolle Tagwerk
Wie auf ein Turnier sich freute,
Das dem Sieger einen Thron gab.
Sollt' er dem mit seiner Sorge
Muth und Hoffnung erst verschüchtern,
Kraft und Selbstvertrauen kürzen?
Nimmermehr! drum schwieg er weislich
Und ward balde bei den Freunden
Und beim Weine froh und heiter.
„Fiedelvogt, Du Vielgetreuer,
Sahen uns ja lang nicht," sprach er,
„Alter Strich= und Wandervogel!
Sage, fließt der Rhein noch immer
An dem alten Worms vorüber?"
„Ja, das thut er, Herr, noch immer,
Kann nicht stillstehn," sprach der Alte,
„Grad wie wir, wir Heimatlosen;
Nur daß er, der ewig junge,

Niemals müde wird im Laufen,
Aber Unsereins gebrechlich,
Kaum noch schleppt des Alters Bürde."
„Und er weiß doch, wo er hinfließt,"
Sagte Walther, „kennt sein Ende
In den reichen Niederlanden,
Aber wo ist unser Ausgang?"
„Ruhmlos Ende!" rief Tannhäuser,
„So zersplittert, sanglos, klanglos
Sich im Sande zu verlaufen!
Wäre ich der Rhein, ich stürzte
Mich vom steilsten, höchsten Felsen
Donnernd in des Meeres Brandung,
Brausend, jauchzend wollt' ich enden,
Mich verlieren im Endlosen!"
„Nein, da kriegt' ich keine Grabschrift,"
Rief der Fiedelvogt, „Herr Walther,
Wenn Ihr meinen Stein mal findet,
Schreibt mir drauf ein sinnig Sprüchlein."
„Sieh die liebe Eitelkeit!"
Lachte Walther, „will ein Denkmal
Und darauf als löblich Scriptum
Ehrenbrief und Tugendquittung!
Nun, was meinst Du, wenn es hieße:
Hier ruht eine treue Seele —"
„Seele? wollt doch meine Seele
Nicht mit untern Stein verpacken?"
„Nein! das geht nicht," sprach Tannhäuser,
„Die muß erst ins Fegefeuer,
Alte Sünden auszuräuchern."
„Freilich! 's war ein kleiner Irrthum,"
Sagte Walther, „nun, so heiß' es:
Hier ruht eine alte Fiedel,
Lustig, treu, biderb und nothhaft,

Aller Spielleut Vogt und Meister;
Die nach ihr gesprungen, ruhen
Alle auch einst so und schweigen."

„Dank Euch, Herr! und Ihr, Herr Heinrich,
Merkt es Euch und sagt's bei Zeiten
Einem wackern Meister Steinmetz."
„Nun mach' mir mein Epitaphium,"
Sagte Walther, „sprich, wie denkst Du?"

„Das ist leicht gemacht, ich schriebe:
Knicet hin! hier ruht der Sänger
Walther von der Vogelweide!
Weiter nichts, Eu'r Name meldet
Größern Ruhm, als alle Worte."

„Füg' hinzu: Im Leben kniete
Keiner vor ihm, auch er selbst nicht,
Freund des Kaisers, Feind der Pfaffen
Und der Vöglein Liebling war er,
Dieses kleine Fleckchen Erde
Ist sein einzig Erb' und Eigen.
Einverstanden? gut! nun aber
Nimm all Deinen Witz zusammen,
Daß wir hier dem Tannhusäre
Auch ein Sprüchlein noch ersinnen."
„O Ihr lust'gen Todtengräber!"
Lachte Heinrich, „spart die Mühe!
Wenn ich selber mir im Leben
Nicht ein ewig Denkmal setze,
Soll es auch kein Meister Steinmetz."
„Müßt's Euch schon gefallen lassen,"
Sprach der Fiedelvogt, „gebt Obacht:
Unterm Stein hier ruht ein Ritter,
Der beinah' ein Mönch geworden,
Werth, daß er ein Bischof wäre,
Doch zu kalt war ihm das Mönchsbett,

Und zu krumm war ihm der Krummstab."
„Ei, Du Erzschelm!" drohte lächelnd
Ihm Tannhäuser, „haft Du selber
Mich nicht von dem Pfad des Heiles
Weggeschwatzt und weggefiedelt?"
  „Herr, auf meinem Sterbebette,
Drauf ich mich wohl balde strecke,
Will ich das noch nicht bereuen,
Und ich wünsche Euch so viele
Und so freie, frohe Tage,
Wie ich selber zählen konnte;
Ehre sei Eu'r Schildknecht, Sälde
Eures Herzens Maienbuhle!"
„Gut gebetet!" sagte Walther,
„Höret nun auch meinen Vorschlag:
Hier stieg Einer in die Tiefe, —
Um vom Leben auszuruhen,
Meint ihr? nein! er sucht die Minne
Jetzt da unten, weil hier oben
Er sie nicht nach Wunsch gefunden."
Herzlich lachten die Genossen,
„Heinz, komm an!" sprach Walther freundlich,
„Fiedeln, fechten, minnen, meinen
Hat ja seine Zeit und Weile,
Und das Beste jetzt ist trinken;
Keine Grabschrift den Lebend'gen,
Doch Dein eigner Trinkspruch klinge
Noch einmal, zum Becher greife,
Kommt! weil wir noch leben, Freunde!
Und will's Gott, sei's nicht der letzte!" —
Also plauderten und scherzten
Sie beim Wein, bis Walther aufbrach.
Der erfahr'ne Spielmann aber

Sattelte des Ritters Schimmel,
Und Tannhäuser ritt zu Irmgard.

War der hochgemuthe Sänger
In Betracht des Liederwettkampfs
Wahrhaft innerlich so sorglos
Oder gar so siegesssicher,
Wie er Walther glauben machte?
Manchmal war er's, manchmal schwankt' er,
Wolframs hoher Kraft gedenkend.
Das, was ihn zunächst emporhielt,
War der Glaube an sein Schicksal,
Denn die Weissagung der Göttin
Galt ihm fast wie eine Bürgschaft.
Aber eine andre Macht noch
Leitete ihm die Gedanken
Abseits von der Zukunft Sorgen
Und hielt ihn mit weichen Armen
In der Gegenwart, — die Liebe.
Hinter ihm lag halb verblassend,
Was ihn einst berauscht, gefesselt, —
Leidenschaft war's, heiße, wilde,
Nicht die königliche Liebe,
Nebensonnen, Strahlenabglanz,
Nicht sie selbst, die eine, hohe,
Die in reiner Urkraft leuchtet.
Doch was jetzt in unzählbaren
Flammenden Gedankenblitzen
Und verlockend süßen Bildern
Sich wie Augenblicke wechselnd
Oder wiederkehrend, bleibend
Durch sein Hirn und Herz bewegte,
Bald wie seiner Seele Schöpfung
Tief aus seinem Innern tauchte,

10*

Bald wie eine Lichtgestalt
Von den Sternen niederschwebte,
Mit ihm wandelnd, mit ihm ruhend,
Ihn umschlingend, ihn durchdringend,
Nannt' er nur mit einem Namen,
Faßt' er nur in einem Wesen —
Irmgard! Irmgard Eins und Alles!
Sie, sie war das holde Wunschbild,
Das er sich so oft erträumet,
Das er mit der Liebe Augen
Endlich vor sich sah und das ihn
Ueber aller Frauen Schönheit
Herrlich und erhaben dünkte.
Aber zu dem Reiz der Sinne,
Der ihn mächtig zu ihr hinzog,
Trat des Geistes Wunsch und Wille,
Seiner Seele Kraft und Sehnen
Ihrem Geist und ihrer Seele
Auf das Innigste zu einen.
Nie empfand er dieses Streben
Noch so rein und so gewaltig,
Es erschien ihm hehr und heilig,
Ueberirdisch, unvergänglich.
Und das gab ihm die Gewißheit,
Daß allein und einzig Irmgard
Von dem Schicksal auserwählt sei,
Seines Herzens Glück und Ruhe,
Seiner Sehnsucht Ziel zu werden.
Jene hochvermeßne Liebe,
Die er herrisch, eigensüchtig
Für sich ganz allein verlangte,
Gleichenlos und unerreichbar
Wie ein Gott sie zu genießen,
Hoffte er bei ihr zu finden

Und mit ihr, mit ihr zu tauschen.
Eines nur blieb ihm noch fraglich:
Noch hatt' ihm kein Wort verrathen,
Kein untrüglich sichres Zeichen,
Ob ihn Irmgard wiederliebte
Mit derselben Gluth und Allmacht
Wie er sie, ob sie gewillt sei,
Jede Schranke zu durchbrechen,
Sein um jeden Preis zu werden.
Doch auch diesen letzten Zweifel
Hofft' er bald und leicht zu lösen,
Wenn die Stunde erst gekommen.
O der Seligkeit, wenn Irmgard
In der Liebe Lust und Freuden
Ihres Herzens Grund ihm aufthat
Und der heimlichsten Gedanken
Und der traulichsten Gefühle
Heiligthum ihm offenbarte!
Wenn der Liebe tiefstes Wesen,
Wenn er Weibes Sinn und Seele
An der Heißgeliebten Busen
Schönheitsvoll erkennen sollte!
Denn ihm war es klar bewußt doch,
Daß er nie und nimmer fähig,
Sie von ferne anzubeten,
Irmgard lieben hieß Tannhäuser
Sie begehren und besitzen. — —

Das Gedicht Gottfrieds von Straßburg
Hatte Irmgard längst gelesen,
Und in ihrem reinen Herzen
Stritt Entzücken und Bewundrung
Ueber dieses Werkes Schönheit
Mit dem Widerwill'n und Schrecken

Vor der Pflichten Missewende
Und der schweren Schuld der Minne,
Die der Sänger ohne Rückhalt
Farbenglühend dort geschildert.
Heinrich hatte ihr die Abschrift
Selbst gesandt, und seine Widmung
Mit den großen Anfangslettern
Der vier Namen, die sich bildlich
Paarweis gegenüberstanden,
Konnte sie nicht anders deuten,
Als daß er mit ihr verbunden
Sie mit Tristan und Isolde
In Gedanken schon vergliche.
Das erfüllte sie mit Bangen,
Denn sie sah in dieser Widmung
Heinrichs Billigung des Frevels
Und der Hingebung Isoldens
Unzweideutig ausgesprochen;
Sie verstand, daß, was man billigt,
Ohne Scheu auch nachzuahmen
Man geneigt sei und entschlossen.
Ja, sie mußte sich gestehen,
Daß die Einbildung der Sinne,
Solch verführerisches Beispiel,
Mit der reizumblühten Schönheit
Höchster Kunst geschmückt, vor Augen,
Selbst das regste Pflichtbewußtsein
Einzuschläfern wohl vermöchte.
Liebeleer war ihr das Leben,
Ungestillt des Herzens Sehnen,
Und jetzt lächelte und lockte,
Sang und winkte ihr die Minne:
Gieb und nimm! — ja, wenn sie frei wär'!

Heinrich kam, und beide waren
Bei dem Wiedersehn befangen;
Jeder merkte es vom Andern,
Wie auch Jeder sich bemühte,
Es dem Andern zu verbergen.
Vieles wurde weit gesucht
Zum Gespräch herbei gezogen,
Nur nicht das, was ganz zunächst lag.
Lang' um Tristan und Isolde
Gingen sie herum im Kreise,
Brennende Berührung fürchtend,
Bis der Zirkel immer enger,
Dürft'ger stets die Unterhaltung
Und ein längeres Vermeiden
Peinlicher noch ward, als Angriff.
Heinrich also fragte endlich
Nach dem Werk wie ganz bei Seiten
Und gelegentlich, schnell eilte
Drüber hin der Strom der Rede,
Beide lobten es und priesen's,
Doch nur flüchtig, Keiner sagte
Seines Herzens ganze Meinung.
Aber was der Mund dem Ohre
Fest verschwieg noch, das vertrauten
Unverhohlen sich die Augen,
Hoher Minne Unterhändler,
Die an Stelle kluger Vorsicht
Gleich bestochenen Gesandten
Ihres Herrschers strengen Auftrag
Eigenmächtig überschreiten
Und mit weitem Zugeständniß
Ein geheimes Bündniß schließen.
Tannhäuser und Irmgard blickten
Fort und fort sich an mit Augen

So voll schrankenloser Liebe,
So voll tiefen, heißen Sehnens,
Als ob beide von Brangänens
Liebestrank nicht bloß gelesen,
Sondern schon genossen hätten.
Warum schwiegen, die sich liebten?
Irmgard hielt mit schweren Ketten
Eine harte Pflicht gefesselt,
Und Tannhäusers Loos und Leben
Hing an seiner Harfe Saiten;
Ließ ihn ihre Kraft im Stiche,
War es aus mit Lieb' und Leiden.
Darum schwieg er, eh' sein Schicksal
Auf der Wartburg sich entschieden.
Aber von dem Liederwettstreit
Mußte er doch Irmgard sagen,
Und er that's gezwungen heiter,
Suchte ihr den ganzen Vorfall
Als nichts Wichtiges und Großes
Leicht und scherzhaft darzustellen,
Bis durch ihr begierig Fragen
Unter wachsendem Erstaunen
Der Geliebten von der Wahrheit
Mehr und mehr doch an den Tag kam.
„Freund, das ist kein kleines Wagniß,“
Sprach sie, Schweres noch nicht ahnend,
„Mit dem hochgewalt'gen Wolfram
Dich im Wettgesang zu messen.“
„Jeder thut sein Bestes,“ sprach er,
„Und verschieden sind die Kräfte
Je nach Ton und Form der Lieder.“
„O ich traue Dir das Höchste
Freudig zu, und wenn Du obsiegst,
Will ich Dich als Sieger grüßen

Wie kein Andrer," sprach sie leuchtend,
„Denn ich komme zu dem Feste,
Will Dir ein Geweihtes geben,
Das Dir hilft und Kräfte zuführt;
Was ist denn der Preis des Siegers?"
„Um die Stirn ein Kranz von Golde,"
Sprach er zaghaft und beklommen,
Schon die nächste Frage fürchtend.

„Fürstlich lohnt der Landgraf immer,
Doch wenn auch der Kranz nicht Dein wird,
Bleibt es Dir doch unvergessen
Und ein Ruhm für alle Zeiten,
Mit dem größten deutschen Sänger
Um den Sieg gekämpft zu haben;
Ihm allein zu unterliegen,
Ist nicht Schande, ist noch Ehre;
Was erhält der Ueberwundne?"

„Wirst es wohl erfahren, Irmgard."

„Wie? Du willst es mir verhehlen?
Sag', was ist's? Du wirst verlegen!
Was erhält der Ueberwundne?
Rede!" — „Tod von Henkershänden!"

„Heinrich!!" — eines Herzens Aufschrei
Gellte durch die Kemenate.
Diesen Ton hat nur die Liebe,
Die ihr Liebstes in Gefahr sieht,
Und wenn noch kein Blick der Augen,
Worte nicht, nicht Kuß noch Handdruck
Irmgards Liebe ihm verkündet,
Dieser Schrei hatt' es Tannhäuser
Zugerufen jetzt: sie liebt dich!
Zitternd, todesbleich stand Irmgard
Mit tieftraurig stummem Blicke:
Konntest Du mir Solches anthun?

Doch sie fühlte augenblicklich,
Daß sie selbst sich ihm verrathen,
Und in höchster Ueberwindung
Sich ermannend bat sie leise:
„Geh! laß mich allein jetzt, Heinrich!
Alle Engel Gottes mögen
Dich beschützen und beschirmen!"
Er versuchte sanften Zuspruch,
Doch mit ängstlicher Geberde
Flehte sie, zog aus dem Mieder
Mit der Schnur ein beinern Heilthum,
Rosenblattgeformt, und gab's ihm.
Selig drückt' er's an die Lippen,
Ach! es war — mit Wonnen fühlt' er's —
Warm von ihres Busens Wärme.
Und dann ging er, Glück im Herzen,
Zwiefach seinen Sieg vor Augen.

VIII.

Der Sängerkrieg.

———

Nun seine Klauen durch die Wolken schlug
Der Tag und stieg herauf mit großer Kraft.
Noch aber streckt, des Schlummers Frieden hütend,
Die Dämmerung den schattengrauen Fittig
Weit über Berg und Thal und Waldesruhe,
Von Morgenluft und Zwielicht schon umwittert.
Schon ziehen Grenzen Himmel sich und Erde,
In matten Linien scheiden Bergesrücken
Sich von einander, aus dem Dunkel ragend;
In trüber Masse, mit der Formen Umriß
Von Thurm und Palas sich der Nacht entwindend
Taucht aus dem Nebeldunst die Wartburg auf
Gespenstisch, grausig wie ein Hochgericht,
Das schreckend von des Berges Scheitel droht.
Im Osten setzt sich langsam in Bewegung
Das lagernde Gewölk und drängt und schiebt sich,
Hier rund geballt, dort breit gedehnt, gespalten
Von fahlem Schein, von röthlich blassem Schimmer
Kaum angehaucht, doch balde rosig spielend,
Durchzogen mehr und mehr von bunten Streifen.

Die Farben fließen, wechseln, mischen sich,
Purpur will herrschen, schon bekämpft vom Golde,
Das funkelnd die zertheilten Wolken säumet.
Die Schanze sinkt, Lichtbäume schießen auf,
Die hoch im Bogen auf des Aethers Grau
Gleich einem Strahlenfächer sich entfalten,
Und endlich Bresche legend in den Damm,
Der wie in Feuersbrunst entzündet steht,
Bricht dunkle Gluth hindurch und flammt und blitzt,
Und in des Schweigens hoheitsvoller Größe
Steigt blutroth übern Horizont die Sonne.
Die Berge leuchten und die Wipfel glänzen
Im Morgenthau, freudig erwacht das Leben,
Die Hähne krähen, und die Lerchen wirbeln,
Des Waldes frühe Stimmen werden laut
Und grüßen froh der Finsterniß Besieger.
Der Tag ist da und schreitet lächelnd vorwärts,
Sein Angesicht auch dem geringsten Wesen
In aller Herrlichkeit und Gnade zeigend.

Auf hohem Burgwall an der Mauerbrüstung
Stand Landgraf Hermann und sah ernsten Blickes
Ins sonnenüberströmte Thal hernieder.
Er athmete mit langen, tiefen Zügen
Die frische Waldluft, doch ihr würzig Wehen
Macht' ihm das sorgenschwere Herz nicht leichter
Und scheucht' ihm nicht die Wolken von der Stirne.
Zur Sonne schaute er, die unaufhaltsam
Schon übern Bergwald höher stieg und höher.
Er hätt' ihr gerne stillzustehn geboten,
Daß an der Uhr dort nicht der Schattenweiser
Die Stunde zeigen konnte, deren Ziffer
Ihn schrecklich ansah wie mit Blut geschrieben;
Denn der Gedanke füllte seine Seele:

Wenn dieses hohen Tages Licht verlöschte,
War ausgelöscht auch eines Sängers Leben,
Ein liederfroher Mund auf ewig stumm.
Sein war dies Land, dies schöne, reiche Land,
Viel weiter, als sein spähend Auge reichte;
Thüringer wohnten noch in seinem Lehen
Auch hinter jener Berge grünen Wellen,
Die lang gestreckt sich nach einander hoben.
Dem Kaiser hatte er getrotzt in Waffen,
Mit einem Heere seine Macht behauptet
So unabhängig wie kein Fürst des Reiches;
Und hier auf seiner Burg, vor jener Stunde,
Zween Sängern gegenüber war er machtlos,
Durch sein gegebnes Fürstenwort gebunden,
Vor seinen Augen hier geschehn zu lassen,
Was grausam ihm das Herz im Busen kehrte.
Unmuthig, hastig schritt er auf und nieder,
Nicht achtend auf das sommerliche Blühen,
Das duftumwoben Berg und Thal erfüllte,
Nicht achtend auch auf das geschäft'ge Treiben,
Das sich geräuschvoll in den Hall'n und Höfen
Mit Emsigkeit und Unruh schon bewegte,
Um heut ein Fest zu rüsten, wie's die Wartburg
Noch keinem Wirth und keinem Gaste zeigte.
Der Landgraf selber hatt' es anbefohlen,
Dann aber von dem Lärm sich abgewendet
Und sich zum fernsten Burgwall hier geflüchtet,
Wo gerne einsam er zu wandeln pflegte,
Wenn er mit störrischen Gedanken kämpfte
Und wichtige Entschlüsse in ihm reiften.
Da trat zu ihm die Landgräfin Sophie,
Und ihre Hand ihm reichend sprach sie lächelnd:
„Ich wußt' es, Freund, wo ich Dich suchen mußte;
Du gehst des Tages Anstalt aus dem Wege,

Verschlössest gerne die bedrängten Sinne
Und kannst doch die Gedanken nicht verscheuchen,
Die ich auf Deiner finstern Stirne lese."
„Daß ich geboren bin, dies zu erleben!
Mir selber könnt' ich fluchen," rief der Landgraf,
„Zu rasch gab ich mein Wort, bin nun gefangen,
Bin nicht mehr Herr in diesen starken Mauern!"
„Du bist es, Hermann!" sprach die edle Fürstin,
„Kein Vorwurf trifft Dich, hast Dir nichts vergeben,
Was Deiner Macht und Hoheit Abbruch thäte.
Bedenke, daß zeitlebens Du den Sängern
Ein Freund gewesen bist und treuer Helfer;
Wo immerhin im Land ein Lied erschallet,
Wo eines Meisters kunstgerechte Schöpfung
Von alten Mären singt, der Thaten Ruhm,
Der Minne Glück, des Maien Lust und Leben
In reichen Bildern, holden Tönen schildert,
Hast Du Dein Theil daran; im ganzen Reiche
Pflegt Keiner so wie Du die edle Kunst.
Die Sänger strömen her aus allen Winden,
Du nimmst sie auf als Deine liebsten Gäste,
Zeigst ihnen ihren Werth und hebst ihr Ansehn
Und überschüttest sie mit Gunst und Ehren.
Da wächst ihr Muth, da fühlen sie im Busen
Die hohe Kraft, von Gott hineingepflanzet,
Die Papst und Kaiser nicht verleihen können.
Wenn es im Reiche hieß: der Landgraf Hermann
Herbergt die Sänger, ehrt und liebt die Sänger,
Da horchte Mancher auf und that Dir's nach,
Doch Keiner so wie Du mit ganzem Herzen.
Du sorgest, daß sie länger nicht verrufen,
Landfahrend karge Bettlergabe heischen,
Du schenkst und schenkst und machst sie reich und fröhlich,
Der letzte Spielmann geht nicht habelos,

Nicht ohne warmen Dank von unsrer Schwelle."
„Du rühmst, Sophie," lächelte der Landgraf,
„Daß ich das thue, was mir Freude macht!"

„Daß Dir es Freude macht, das ist es eben,
Drum preisen Dich die Sänger allerwege
Und sehn in Dir den Freund und den Beschützer,
Der sie versteht, mit ihnen denkt und fühlt
Und jedem giebt, was jeglichem gebühret.
So lange Kunde bleibt von ihren Liedern,
So lange wird man Deinen Namen nennen
Hermann von Thüringen als Freund der Sänger!"

„Und Deinen, liebes Weib! Die volle Hälfte
Davon ist Dein Verdienst, die Edlen wissen's
Und halten Dich drum hoch; doch ach! Sophie,
Das Alles löscht nun aus der eine Tag
Und heftet statt des Wohlthuns schönen Nachruhm
Verwünschungen und Schmach an unsre Namen."

„Nein, Freund! ich habe besseres Vertrauen;
Ist's Gottes Wille, daß es traurig ende,
So weiß die Welt, Dein Fehler war es nicht;
Der Sängerfreund wird keinen Sänger tödten,
Was menschlich Thun vermochte, es zu hindern,
Das war geschehn, Dein Name bürgt dafür."

„Gott segne Dich, Du Liebe, Kluge, Edle!
Du flößest neue Hoffnung mir ins Herz."

„Ich wußt' es wohl; doch komm, viellieber Freund!
Es harren unser schon die Festgewänder,
Laß uns die traute Zwiesprach hier beenden
Und zu der Wirthe und der Herrscher Pflichten
Die Fürstenmäntel um die Schultern nehmen."

Derweilen tummelte sich überstürzend
Ein lautes Hasten, eifriges Hantiren
Der Hofbeamten und des Ingesindes

In allen Räumen auf der Burg, um sinnig,
Erfindungsreich des Festes Glanz zu fördern
Und überall das Auge zu erfreuen.
Der Seneschall Herr Gerhard Atze trabte
Mit kurzen Beinen und mit kurzem Athem
Im Schweiße seines Angesichtes keuchend,
Anordnend, scheltend, Alles besser wissend,
Zur Eile spornend auf und ab die Stiegen,
Um Knechten, Mägden, Buben zu gebieten,
Die diesen kleinen Gerngroß, wenn er polternd,
Blitzblau vor Zorn mit Höllenstrafen drohte,
Die er noch nie verhängte, wenig scheuten
Und hinter seinem Rücken gar verlachten.
Man pflanzte vor die Thüren junge Tannen,
Bekränzte alle Bögen, Pfeiler, Pfosten,
Schlang um die Säulen dichte Laubgewinde,
Verstreute Sand und Blumen auf die Wege
Und wandelte in Gärten um die Höfe.
Auf Gäng' und Treppen breitete man Decken,
Mit Waldesgrün umstellte man die Stufen,
Hing lange, bunte Tücher aus den Fenstern
Und Teppiche von den Altanen nieder.
Sinnsprüche prangten über Thor und Thüre,
Willkommensgrüße, Bilder, Blüthenzweige,
Und Bänder flatterten und Fähnlein wehten.
In Sälen und Gemächern standen Bänke
Mit schönen Kissen und gestickten Polstern,
Und auf den Sesseln lagen Rückelaken.
Rüstungen schimmerten an allen Wänden,
Mit Helm und Schild und mancher fremden Waffe
Als Siegesbeute aus dem Morgenlande.
Der große Silberschatz der Hofburg prunkte,
Zierrate, Schaugefäße und Kredenzen,
Schnitzwerk und Schmuck auf Tischen und Tressoren.

Es blinkt' und blitzte von Metall und Farben,
Von Blumen, edlen Stoffen und Gesteinen,
Und rastlos mühten sich gewandte Diener
In Palas, Ritterhaus und Küch' und Keller
Und flinke Zofen bei den Kleidertruhen,
Und keine Hand war müßig oder lässig.
Da gab es Lachen wohl und Schimpf und Kurzweil,
Gerede auch, Kopfschütteln und Geraune,
Denn Mancher wußte wunderliche Dinge
Von dem, was heute sich ereignen würde.
Bemerkbar auf der heitern Vorbereitung
Lag fröstelnd ein geheimnißvolles Grauen,
Und unter einem ungewissen Drucke
Kam Scherz und Schelmerei nicht recht von Herzen.
Allein die Arbeit ging mit Fug von Statten
Und war rechtzeitig bis zum Sesselrücken
Und bis zum letzten Hammerschlag beendet,
Auch Alles rein gefegt und blank und sauber,
Und Jeder eilte nun, sich selbst zu schmücken
Und sich ins allerschönste Kleid zu werfen.
Die Wartburg leuchtete ins Thal hernieder
Im hellen Sonnenschein so festlich glänzend
Mit Tücherwallen und mit Fahnenwehen,
Als winkte Jedem freudig sie Willkommen,
Ob er geladen oder nicht geladen.
Bald nahten auch von fern die ersten Gäste
Auf reich geschirrten Rossen, tapfre Ritter
Mit ihren stolzen Frau'n und schönen Töchtern
Und im Geleite Knappen und Garzune.
Schon kamen mehr und mehr, die Herbergställe
In Eisenach mit ihren Pferden füllend,
Wenn sie nicht selber durch das Burgthor ritten.
Sie wandelten den Weg hinauf zum Berge
Wie eine große, bunte Karawane

Und wurden oben würdevoll empfangen.
Am äußern Thor war eine Ehrenwache
Gepanzerter postirt in Wehr und Waffen,
Herolde leiteten die Angekommnen
Ins Ritterhaus und in die feste Dirnitz,
Die bei den Thürmen an der Vorburg waren,
Und hier begrüßten in der Wirthe Namen
Truchseß und Seneschall, Marschalk und Kämmrer
Die edlen Gäste, und der Schenk kredenzte
Den Willkommstrunk mit jugendlichen Pagen.
Man plauderte und frug erwartungsvoll,
Der Rede Flüstern und das Spiel der Augen
Vertrieb die Zeit, bis Alle sich versammelt
Zum feierlichen Zuge in den Palas.
Im Vorhof, um den Marstall und im Rüsthaus
Wies man den Knechten ihre Plätze an,
Und um den Berg herum lag Spielmannsvolk,
Schlich sich zur Brücke und ins Thor hinein,
Und Niemand durfte den Bescheidnen wehren,
Wenn sie gesellig in den Troß sich mischten.
Der Fiedelvogt jedoch, der seinen Ritter
Mit schwerem Herzen in die Burg begleitet,
Ward von den Bläsern ehrend aufgenommen,
So daß er jedes Vorgangs Zeuge wurde.
Die Sänger, deren Zahl durch Zugereiste
Vergrößert, harrten schon, des Rufs gewärtig,
Mit ihren Saitenspielen in der Dirnitz
Und blieben in gesondertem Gemache.
Wolfram von Eschenbach und Osterdingen
Begrüßten schweigend sich wie beim Turniere
Die Kämpfer, ehe sie die Speere senken.

Bei Frau Sophie in der Kemenate
Und von der Fürstin selber herbeschieden,

Saß Irmgard, und die beiden Frauen waren
Wohl angethan mit prächtigen Gewändern,
Kronreif und Schapel blitzend auf den Häuptern
Und Perlenschnüre in das Haar geflochten.
Die Wangen Irmgards deckte tiefe Blässe,
Und Schatten lagen um die großen Augen,
Die Folgen sorgenvoll durchwachter Nächte;
Ihr edles Antlitz mit den feinen Linien,
Das stets so aufgeweckt durchgeistet schaute,
War wie verschleiert von des Kummers Ausdruck,
Den Frau Sophie bald genug erkannte.
Kaum waren Kammerfrau und Gürtelmägde
Mit Schmücken fertig und des Diensts entlassen,
Als sie mit innig theilnahmsvollem Blicke
In Irmgards bleichen Zügen lesend sagte:
„Du bangst mit uns dem Urtheilsspruch entgegen,
Der zwischen Zweien heut entscheiden soll,
Doch sei getrost! es walten gute Mächte."
„Ach, hohe Frau —!" doch Irmgards Lippen bebten
Von einem Seufzer, der die Sprache hemmte,
Verstummend mußte sie die Augen trocknen.
„Irmgard, wir sind allein jetzt," sprach die Fürstin,
„Was soll die hohe Frau in Deiner Rede?
Bin ich Sophie nicht, Deine beste Freundin,
Der immer Du Dein volles Herz erschlossest?
Schütt' es auch jetzt aus! Deine Thränen deuten
Auf mehr als bloße Angst vor einem Kampfe,
Wie Du ihn oft schon blutiger gesehen,
Nur daß die Waffen Lieder sind statt Lanzen."
Da rief, der Fürstin Hände fassend Irmgard:
„Sophie, kannst Du ihn retten?! kannst Du's nicht,
So werf' ich selbst dem Sieger mich zu Füßen,
Mich mag statt seiner dann der Henker packen!
Und ist auch das umsonst, hab' ich geschworen,

So sterb' ich mit ihm in derselben Stunde!"
Sophie sprang auf: „Unselige! was hör' ich?
Du liebst ihn! und ich brauche nicht zu fragen,
Wen, wen Du retten willst mit Deinem Leben;
Wolfram ist's nicht, für den Du sterben möchtest,
Der Andre ist's, Tannhäuser Dein Geliebter!"

„Ja denn! ich liebe ihn! magst Du es wissen,
Was er nicht weiß und Niemand außer mir!"

„Er weiß es nicht? Irmgard, er weiß es nicht?"
Die Fürstin stand hochaufgerichtet da
Und sah der Freundin forschend in die Augen,
„Wohlan! ich werde den zu retten suchen,
Der unterliegt, — Du hast mir nicht zu danken,
Ich rette ihn nicht Dir; Du bist vermählt!
Und nur die reine, unbescholtne Frau
Darf meine Freundin sein, — vergiß das nicht!"

„Du sollst mich allzeit Deiner würdig finden,
Doch dieses Herz hat seinen eignen Schlag;
Rett' ihn, und mach' mit mir dann, was Du willst!"
Es klopfte an der Thüre, denn gekommen
War jetzt die Stunde zu des Festes Anfang.

Nun reihte sich der Zug vom Ritterhause
Und von der Dirnitz aus nach der Kapelle,
Um vor des Wettkampfs wagendem Beginnen
Die heil'ge Messe weihevoll zu hören.
Herolde schritten vor mit ihren Stäben
In rothen, goldgestickten Wappenröcken;
Dann kam, hochragend mit dem Greisenhaupte,
Der Fiedelvogt vor einer Schaar von Bläsern,
Die eine feierliche Weise spielten,
Und wandelte so festen, stolzen Schrittes,
Als wahrte er allein des Tages Ehren.
Den Bläsern folgte, lieblich anzuschauen,

Der Jugend frische, hoffnungsvolle Blüthe,
Erst Edelknaben, mit den schlanken Gliedern
In kleidsam enger Tracht mit langen Aermeln,
An leichten Speeren bunte Fähnlein tragend,
Jungfrauen dann, Stirnbinden um die Locken,
Die frei herab von weißen Nacken flossen;
Kostbar gegürtet waren all die Süßen
Und hielten in den Händen Blumenstäbe,
Von schmalen Bändern farbenhell umflattert.
An ihre Fersen schlossen sich die Sänger;
Vor diesen aber schritt die schönste Maid,
Zu jeder ihrer Seiten einen Knappen
Mit blankem Schwert, die trug auf seidnem Kissen
Den goldnen Kranz daher als Preis des Sieges.
Die Sänger waren all in reicher Wat,
Umwallt von weißen, goldumsäumten Mänteln,
Sie trugen ihre Harfen in den Armen
Und alle auf den Häuptern Rosenkränze.
Die beiden Gegner gingen mit einander
Schweigsam voran, die Andern folgten ihnen
Paarweis, und Walther von der Vogelweide
Beschloß mit Otto Graf von Botenlauben
In flüsterndem Gespräch die stolze Reihe.
Nun kam, geführt von Kämmerer und Truchseß,
Der lange Zug der Ritter und der Frauen,
Je Hand in Hand ein Paar, und Niemand strebte
Nach einem Vorrang in des Zufalls Ordnung.
Da gab es Glanz und Kostbarkeit zu schauen,
Denn was die Burgen und die Edelhöfe
An Schmuck und Kleiderpracht, Pelzwerk und Federn,
An Gold und Silber, Perlen und Gesteinen
In ihren erzbeschlagnen Truhen bargen,
Das breitete sich hier in Hüll' und Fülle
An Ehrenkleid und Waffenzier der Ritter

Und an der Frauen herrlichen Gestalten
Das Auge blendend und entzückend aus.
Um Hals und Brust, um vollen Arm und Nacken
Lag manch Geschmeide, manches Ringlein blitzte
An weißer Hand, und an Gewand und Gürtel
War manche Spange, Stickerei und Borte
An Schuh und Schapel, Haube oder Schleppe,
Die lang einher in schwerer Seide rauschte.
Den Rittern reihten sich die Knappen an,
Stattliche Jünglinge und junge Männer,
So wohlgeübt im Tanzen wie im Fechten.
Sie bildeten den Schluß des Zuges freilich,
Doch nicht sein Ende, denn es hängten Viele
Sich hinten noch daran vom Spielmannsvolke,
Von Leuten, die zu schauen nur gekommen,
Von Kindern aus der Stadt und aus dem Walde.
Sie wußten, auf der Wartburg herrschte Milde
In allen Dingen, da war nichts verboten,
Was wider göttliches Gebot nicht fehlte;
Und so stolzierten sie vergnüglich mit,
Als zählten sie zu den geladnen Gästen,
Und wußten ferner, hungrig oder durstig
Ging Keiner jemals diesen Berg herunter.
Im Burghof machte einen großen Bogen
Der lange Zug, daß sich begegnen mußten,
Die darin wandelten, sich anschau'n konnten
Und lächelnd grüßen, doch in der Kapelle
Ward eng der Raum, nicht Alle fanden Plätze,
Und ihrer Viele mußten draußen bleiben.
Es nahte nun der Hof mit dem Gefolge
Der Ehrendamen und der nächsten Ritter;
Das landgräfliche Paar, im Fürstenschmucke
Der langen Hermeline, grüßte huldvoll,
Doch ernst die Gäste, die sich tief verbeugten,

Auf seinem Gange zu den hohen Stühlen,
Und es begann die gottgeweihte Messe. —
Dann nach dem „Ite, missa est" bewegte
Der Zug sich wieder in derselben Ordnung,
Wie er gekommen, endlich in den Palas,
Doch vor den Sängern schritten Fürst und Fürstin.
Im großen Saal, der ganz bestreut mit Blumen,
Erhielt nach seines Standes Rang und Würden
Jedweder seinen Platz nun angewiesen.
Auf räumigem Empore, um drei Stufen
Erhöht vom Saale, ließen auf den Sesseln
Der Landgraf und die Landgräfin sich nieder,
Umringt von den Vertrautesten des Hofstaats;
Sophie hatte ihre Frauen um sich,
Doch ihr zunächst auf ihr Geheiß war Irmgard,
Im Innersten bewegt von Angst und Hoffnung.
Unweit von Hermann lag auf einem Dreifuß
Blutroth das Kissen mit dem goldnen Kranze.
Vor ihnen blieb im Saal ein großer Halbkreis,
Um den im Bogen vorn die Sänger saßen,
Als freier Kampfplatz für die Wettgesänge,
Und in dem weitern Raum stand Bank an Bank
Und Stuhl an Stuhl, besetzt mit edlen Gästen.
Ein heimlich Schauern wogte durch die Reihen,
Und dumpfe, bängliche Erwartung schwebte
Schwer wie Gewitterluft ob Aller Häuptern,
Ein Jeder fühlte seines Herzens Klopfen.

Jetzt pochte mit dem Stab der Seneschall,
Und stille ward's; der Landgraf selbst erhob sich,
Und Alle standen auf, sein Wort zu hören.
Er aber sprach:
        „Hochedle Herrn und Frauen!
Wir luden Euch zur Burg auf einen Tag,

Den aus der Menschen hegendem Gedächtniß
Ich gerne tilgte, sollt' ich selber auch
Mit Wucherzins von meinem Lebensstocke
Ihn der betrognen Zeit zurückerstatten.
Wir baten Euch zu Gast bei einem Kampfe,
Wie ihn noch keine Chronika uns meldet.
Das Lieblichste, das Freudigste und Reinste,
Was Menschenherz und Menschengeist erquicket,
Die Lust verdoppelt und das Leid verscheuchet
Und zwingend selbst den Feind zum Freunde wirbt, —
Gesang und Saitenspiel, die Macht des Liedes,
Das sind, dem Frieden abgeborgt, die Waffen
In dieser Wette um des Ruhmes willen.
Zwei edle Sänger ringen um den Preis,
Umsonst war alle Müh', sie zu vergleichen,
Des Sieges Ehre oder Tod will Jeder,
Und Keiner will dem Andern lebend weichen.
Ich übernahm das Amt, gerecht zu richten,
Doch sei vor allen diesen werthen Zeugen
Der Sühne noch ein letztes Wort gesprochen.
Wolfram von Eschenbach, ich frage Dich,
Und Dich, Heinrich von Osterdingen frag' ich:
Wißt Ihr ein Mittel, Euren Kampf zu hindern?
Was es auch sei, steht es in meiner Macht,
So fordert es von mir, ich will's gewähren!" —
Es blieb wie regungslose Meeresstille
Lautlos im Saal; die beiden Gegner schlugen
Die Augen nieder, keiner sprach ein Wort.
Tannhäuser warf nur einen schnellen Blick
In der Geliebten angsterfülltes Antlitz,
Dort seines Schweigens Billigung zu lesen
Und sich aus ihrem Lächeln Kraft zu schöpfen;
Wie Engelschutz erschien ihm ihre Nähe,
Doch fand er nicht bei ihr jetzt, was er suchte.

Nun aus des Bogens Mitte nahte Walther,
Der zwischen den zwei Kämpfern Platz genommen,
Verneigte sich und sprach:
„Mein hoher Herr und fürstlicher Gebieter!
Dein Wort ist wie ein Stern am dunkeln Himmel,
So unverrückbar fest, so milde leuchtend,
Verheißungsvoll dem hoffenden Vertrauen.
Zwar überflüssig ist's, doch nach der Wahrheit
Bezeug' ich Dir vor allen Deinen Gästen:
Du hast gethan, des Kampfes Noth zu hindern,
Was Fürstenmacht, was Menschenkraft nur möglich,
Und keines Vorwurfs Streiflicht kann Dich treffen.
Doch überflüssig ist auch jede Mahnung
Zu Sühne und Vertrag der beiden Sänger;
Sie wollen ihre Kunst im Streite messen,
Laß sie — ich bitte Dich, o Herr! — gewähren,
Und der Allwissende dort lenk' es gnädig,
Daß Keiner siege, Keiner unterliege!"
„So sei's in Gottes Namen!" sprach der Landgraf,
„Werft ihre gleichen Loose in die Urne,
Und unsrer lieben Fürstin Hand entscheide,
Wer in dem Wettgesang den Anfang macht."
Des goldnen Kranzes schöne Trägerin
Schritt auf die Sänger zu mit dem Gefäße,
Und jeder warf sein Handmal in die Urne.
Zur Fürstin ging sie dann, und diese tauchte
Die Hand nun in die schicksalsdunkle Tiefe
Und griff ein Loos und hielt es hoch empor, —
Es war das Mal Wolframs von Eschenbach.
Der Landgraf rief es aus mit lauter Stimme
Und sagte weiter: „Ich gebiete Frieden
Für Männiglich in meiner Wartburg Ringwall
Bis zu des Kampfes ausgesprochnem Ende!
Wolfram von Eschenbach, jetzt fange an!"

Der Sänger trat mit hoheitsvoller Würde
Um wenig Schritte vor, sich still verneigend;
Aus seinen Zügen sprach entschlossne Kraft
Und eines tiefen Ernstes Weihestimmung.
Allein noch zögert' er mit dem Beginnen,
Stand fest und regungslos wie erzgeschmiedet,
Und Allen jetzt, die den Gewalt'gen schauten,
Umklammerte die Brust ein drückend Schweigen.
Doch endlich glitten von des Sängers Harfe
Die ersten Töne; voll und voller klang es,
Und Wolfram sang:

Nun Waffena! geöffnet sind die Schranken,
Reit' ein, mein Lied, zum kampflichen Turnier!
Gleich edlen Rossen steigen die Gedanken,
Aufleuchtend blitzt des Sinnes Helmzimier.
    Leg' ein den Speer
    Um Sieg und Ehr
Und sitze fest im Sattel ohne Wanken!

Dir, reicher Gott auf goldnem Himmelsthrone,
Singt meines Mundes Treue Lob und Preis,
Dir, reine Magd Marie, und Deinem Sohne
Beugt sich mein Herz vor des Gesangs Puneiß;
    Löst mich in Huld
    Von aller Schuld
Und laßt in Eurem Lehen mich und Lohne.

Die Sterne wandeln ihre festen Bahnen,
Die Stürme schreiten über Meer und Land,
Die Blumen blühn, und tausend Wunder mahnen
Auf allen Wegen an die höchste Hand.
    O daß mein Geist,
    Was ihn umkreist,
Erfassen könnte nur mit leisem Ahnen!

Der Mensch ist haltlos auf der grünen Erde,
Sieht von der Zeit nur einer Welle Schaum,
Baut sich die Hütte, sorgt an seinem Herde
Und spinnt sich ein in seines Schicksals Traum,
    Und wenn er ruht,
      Rollt doch die Fluth
Weit über ihn hinweg ihr ewig Werde!

Zu Kampf und Streit, zum Siegen oder Leiden
Sind wir von unsrer Tage Licht erweckt,
Was Du Dir nicht erringst, das mußt Du meiden,
Die Hoffnung trügt, und die Verzweiflung schreckt.
    Mein oder Dein
      Kann es nur sein,
Drum will ich kämpfend nur vom Leben scheiden.

Der schönste Schmuck, der mir auf Erden winket,
Ist Schildesehre, mannhaft Ritterthum,
In heißen Schlachten hat mein Helm geblinket,
Auf meinem Schwert steht meines Namens Ruhm.
    Annoch gewagt
      Sei's unverzagt,
Bis meine Seele Gott zu Füßen sinket.

Nach höfischer Verbeugung rückwärts schreitend
Begab sich langsam und in sichrer Ruhe
Auf seinen Platz zurück der edle Sänger.
Sein Lied, das er umrauscht vom Spiel der Saiten,
Mit vollem Klange markig vorgetragen,
Fand Widerhall auf jedes Herzens Grunde,
Und übern Saal hin ging es wie ein Windstoß,
Der durch den Herbstwald seinen Umzug hält.
Ein leises Flüstern hob sich aus der Ferne
Und schwoll zum Sausen und erstarb allmählich,
Und wieder lagerte des Schweigens Spannung

Auf Aller Sinnen, jedes Auge blickte
Auf den, der dieses Lied besiegen sollte.
Der Landgraf winkte schon; Tannhäuser schnellte
Beinah mit Ungestüm von seinem Sitze,
Und frohe Kampfesgluth im Angesichte,
Trat er stolz grüßend auf dieselbe Stelle,
Wo eben Wolfram noch gestanden hatte.
Er hob die Stirne, schüttelte die Locken
Und warf den Mantel rückwärts nach den Schultern
Zum Harfenschlag die Arme frei zu haben.
Dann griff mit raschem Schwung er in die Saiten,
Ließ sie im Vorspiel klingen, schwirren, jauchzen
Und setzte endlich ein mit hoher Stimme,
Die mehr und mehr in hellem Jubel strömte.
So klang sein Lied:

> Ich weiß wohl eine Rose stehn,
> Dran Niemand kann vorüber gehn,
> Bis er gesehn
> Ihr sommerliches Blühen.
> Wenn schämelich die Knospe bricht
> Im thaubesprühten Purpurlicht,
> Man glaubt es nicht,
> Wie ihr die Wänglein glühen.
> Doch wer sie sieht in voller Pracht,
> Weiß kaum sich noch zu fassen;
> Wie vor dem jungen Tag die Nacht
> Ist balde er in ihrer Macht,
> Eh' er's gedacht,
> Und kann nicht von ihr lassen.

> Sie schaut das Weib und schaut den Mann
> Mit ihren spielenden Augen an,
> Schlägt All' in Bann,
> Eine fiere Königinne.

Sie spinnt und webt, wo Menschen sind,
Ist aller Herzen Ingesind,
Sanft wie ein Kind,
Holdselige Frau Minne!
Sie fliegt ums weite Erdenrund,
Kommt grüßlich angegangen,
Mit ihr sind Sonn' und Mond im Bund,
Und jeder rosenlachende Mund
Thut lieblich kund
Ihr inniges Verlangen.

Sie ist in jeder Hütte Raum
Beglückend wie des Armen Traum,
Wie Schwanenflaum
An ihrer Brust erwarmen
Läßt sie den Schläfer auf dem Stein
Und läßt in Wüsten nicht allein,
Ach! Noth und Pein
Vergehn in ihren Armen.
Der Sehnsucht heißem Durste reicht
Sie einen Trunk vom Bronnen,
Dem keines Weines Würze gleicht,
Wie Liebeshauch die Stirne streicht,
So süße schleicht
Er tief sich ein mit Wonnen.

O Frauenliebe — Feuersgluth!
O Frauenschönheit — Rosenbluth!
Ihr habt den Muth
Mir himmelhoch getragen.
Ich will in meines Herzens Drang
Mit Schwertesschwang und Harfenklang
In jedem Gang
Für euch mein Leben wagen.

Doch eh' will ich mein Saitenspiel
Nicht in den Winkel lehnen,
Und strandet hie mein stolzer Kiel,
Zerbricht der Sturm mir Mast und Stiel,
War doch mein Ziel
Der Minne Sang und Sehnen!

Wie eine Welle auf das Ufer brauset
Und Gischt und Schaum ergießt in breitem Fächer
Und wieder rückwärts rollend sich verliert,
So rauschte durch den Saal ein lebhaft Murmeln,
Das fast zu freudig lautem Beifall stieg
Und mehr und mehr gedämpft sich wieder senkte,
Bis auch das leiseste Geräusch verstummte.
Tannhäuser hatte während des Gesanges
Zumeist auf Irmgard seinen Blick gerichtet,
Doch wagte sie kaum einmal aufzuschauen;
Jetzt aber, als sein schmetternd Lied beendet,
Traf minniglich sich ihrer Augen Grüßen,
Und voller Hoffnung sanft erröthend nickte
Sie leise und den Andern unbemerklich
Dem lieben Sänger zu, dem siegvertrauend
Ein stolzes Lächeln um die Lippen schwebte.
Wolfram bewegte leise nur das Haupt
Und hob nach kurzem Sinnen sich zum Streite,
Doch milde fast klang seine ernste Weise.

Ich zog in alle Lande aus
Und frug: wo ruht der Frieden?
Ich fuhr durchs weite Erdenhaus
In Sommerglanz und Winterbraus
Und fand ihn nirgend hienieden.

Ich ritt ihm nach im Eisenkleid
Und wußte mein Roß zu spornen,
Mir gab nicht Freund, nicht Feind Bescheid,
Ach! überall nur Kampf und Leid
In Blumen und in Dornen.

Viel Wege führen ab und zu,
Doch Niemand weiß ihr Ende;
Von lichten Kränzen träumest Du
Und suchst umsonst des Herzens Ruh'
In Trug und Missewende.

Die Minne schafft nur sehnende Noth
Mit ihrem heißen Gelüste,
Das flackernd Dir im Busen loht,
Die Lüge gleißt, die Reue droht
Wie Schlangen um Weibesbrüste.

Drum merke, ehrbegier'ger Mann,
Daß Dir in Deinen Tagen,
Was die viel reiche Sälde sann,
Kein Heer von Engeln geben kann,
Du mußt es in Dir tragen.

Nur weisem Sinn, dem nimmer bangt,
Ist noch der Trost beschieden,
Der wie ein Stern am Himmel prangt
Und nichts auf Erden mehr verlangt,
Als Gottes sel'gen Frieden.

Still blieb's umher, auch nicht das kleinste Zeichen
Gab eine Kunde von des Liedes Wirkung.
Die Sänger schauten sich verwundert an,
Als fragten sie: Will er den Gegner schonen?
Will er in falsche Sicherheit ihn wiegen

Und alle Kraft zum letzten Schlage sparen?
Irmgard griff tastend nach der Freundin Hand
Und in des Mantels Falten sie erhaschend
Und leise drückend sagte sie mit Beben:
„Sophie, ich hoffe!" dann schlug sie die Augen
Zur Decke auf, ein Seufzer ward Gebet:
Jetzt gieb ihm Kraft, Allgnädiger im Himmel!
Der Landgraf aber wechselte mit Walther
Nur einen Blick, — sie hatten sich verstanden
Und deuteten sich Wolframs tiefe Ruhe
Als unheilvolle Stille vor dem Sturme.
Von Allen ahnte Keiner nur von ferne,
Was in des großen Sängers Seele vorging.
Tannhäuser ward's unheimlich schier zu Muthe;
Ihn reizte seines Gegners dunkles Wesen,
Und wie den trägen Stier in der Arena,
Der mürrisch zögert mit der Wucht des Stoßes,
Beschloß er, stachelnd ihn herauszufordern.
Keck trat er vor, und seine Augen blitzten,
Als er voll Uebermuth die Stränge rührte.

Schaffet die Minne mir sehnende Noth,
Schafft sie auch schwelgende Wonnen,
Locket und blicket so freudenroth,
Von der Erwartung umsponnen.
Süß wie im Thaue
Blumiger Aue
Mit der Geliebten verträumen die Zeit,
Das ist mir Sälde und Seligkeit.

Feige mögen der Ruhe sich freu'n,
Zweifel bezwingen den Schwachen,
Ruhelos will ich ohne Bereu'n
Dich und den Frieden verlachen.

Leuchtend in Gluthen
Taucht aus den Fluthen
Athmend und schwellend ein blühender Leib,
Und mich umwoget der Kampf um das Weib.

Alle Geheimnisse werden mir kund,
Was sich die Herzen erzählen,
Wenn sie zum wonneberauschenden Bund
Sich in Gefühlen vermählen.
Offen erschließet,
Flammend ergießet
Seele in Seele sich, fesselbefreit,
Nur in der Liebe Zweieinigkeit.

Frauen und Freude! heißet mein Wort,
Sie will ich singen und sagen,
Daß in der Minne beglückenden Port
Segelnde Wünsche mich tragen.
Weißt Du dem Leben
Schönres zu geben?
Einsam im Finstern vergräbst Du Dein Leid,
Endlos gepeinigt vom nagenden Neid.

Zwiespältige Bewegung ward lebendig
In weiter Runde; viele Herzen schlugen
Dem Minnesänger sehnsuchtsvoll entgegen,
Manch schönes Auge blickte heiß in seines,
Das trotzig spähend durch die Menge irrte.
Doch deutlich Murren auch ließ sich vernehmen,
Denn alle Hörer nahmen Theil am Kampfe,
Als würde um ihr Schicksal hier gerungen.
Der Landgraf wahrte seine feste Ruhe,
Die Fürstin aber sah voll trüber Sorge
Auf Irmgard, die erregt und zitternd bangte,

Wehmuth und Schmerz beschatteten ihr Antlitz.
Die Sänger raunten eifrig unternander,
Die Einen priesen Ofterdingens Lied,
Die Andern schalten seines Hohnes Schärfe.
Wolfram von Eschenbach saß düster schweigsam;
Durch sein Gesicht ging flüchtig hin und wieder
Ein unwillkürlich Zucken, als ob's innen
Ihm in der Seele heftig wogt' und gährte,
Und Walther mußte ihn daran gemahnen,
Sich wieder zum Gesange zu erheben.
Da stand er auf und wandte sich zum Sänger
Mit Augen so voll feierlicher Trauer,
Als wär's der letzte lange Blick im Leben,
Mit dem man stummen Abschied nimmt von Einem,
Dem man des Todes Schrecken gern verbirgt.
Den Andern graute schier von diesem Blicke,
Sie fühlten Alle, die Entscheidung nahe;
Tannhäuser aber deutet' ihn sich feindlich
Und gab ihn so zurück dem großen Gegner,
Der nun sich an des Bogens Seite stellte,
Zornmuthig, grollend seine Harfe schlug
Und machtvoll sang:

> Die Eiche dröhnt und braust,
> Wenn Sturmeshand sie schüttelt,
> Des Menschen Seele graust,
> Wenn Zweifelskampf an ihrer Wurzel rüttelt.
> Wie Wetterschlag soll Dir mein Lied erklingen,
> Ich will Dich zwingen,
> Aus süßem Thau in heiße Gluth zu springen.

> Nicht in den Äther reicht
> Die Ohnmacht Deiner Sinne,
> Der Nebelwolke gleicht,
> Die vor der Sonne schwindet, Deine Minne.

Vor ihrem Glanz die Augen aufzuschlagen
Darfst Du nicht wagen,
Sieh zu, wohin Dich Deine Wünsche tragen.

Der Traum der Liebe führt
Zur Seligkeit auf Erden,
Was ihre Flammen schürt,
Von keinem Munde darf's gesprochen werden.
Bis in den Himmel kann die Sehnsucht steigen,
In tiefem Schweigen
Muß sich das Herz vor der Geliebten neigen.

Nie kann bei wilder Lust
Des Schaffens Kraft bestehen,
Sie streiten in der Brust,
Wie Sterne feindlich sich vorüber gehen.
Zu Boden zieht Dich zügellos Begehren,
Vom Staube nähren
Willst Du den Geist, statt ihn im Licht zu klären.

Streich' aus, was Leben heißt,
Und Alles ist vergessen,
Ein Nichts ist, was Du weißt,
Zu gipfelhoch hat sich Dein Muth vermessen.
Zusammenstürzt die leicht gebaute Brücke
Zum falschen Glücke,
Und alle Deine Hoffnung bricht in Stücke.

Wenn Du am Ende stehst,
Von Todeshauch bezwungen,
Wenn Du hinüber gehst
Zur Ewigkeit, was hast Du Dir errungen?
Verloren bist Du! sündig war Dein Leben,
Umsonst Dein Streben,
Und nichts kann Deiner Seele Ruhe geben.

12*

So herrlich hatte dieser Gottbegabte
Noch nie gesungen, nie so tief erschüttert
Mit seiner Stimme wundervollem Klange.
Tannhäusers Angesicht ward bleich und bleicher
Bei Wolframs Lied, und bei den letzten Tönen
Erhob er sich vom Sitz mit mattem Blicke.
„Ich bin verloren!" hauchte er und wankte
Zur breiten Bühne, wo der Landgraf thronte,
Und auf den Stufen niederkniend sprach er:
„Er hat gesiegt, reich' ihm des Lebens Kranz!"
Dann stützte er das Haupt auf seine Harfe
Und blieb auf seinen Knieen regungslos.
Im weiten Saale herrschte Grabesstille,
Zu athmen wagte Niemand, Schrecken malte
Sich auf der Sänger und der Gäste Zügen.
Entschieden war der Kampf vor Aller Augen,
Tannhäuser selber weihte sich dem Tode.
Der Landgraf starrte blutlos auf den Sänger,
Der sich verloren gab, die Fürstin aber
Saß wie zum Sprung bereit, des Sessels Lehne
Mit einer Hand umspannend, mit der andern
Irmgard, die Wankende, am Arme fassend,
Um sie vom Aeußersten zurückzuhalten.
Wolfram von Eschenbach stand unbeweglich.
Hermann erhob sich und nach langem Zögern
Nahm er den goldnen Siegeskranz vom Kissen
Und stieg damit die Stufen sanft hernieder.
Als er vorüber kam an Osterdingen,
Hob der das Haupt und sah, es langsam wendend,
Wie geistabwesend, wie im tiefsten Traume
Dem Fürsten nach, der jetzt auf Wolfram zuschritt.
Nachtwandlergleich hob er sich von den Knieen,
Und ganz ein Träumender, der seines Handelns
Kein Wissen hat, von Sinnesnacht umfangen,

Griff wie mit Geisterhand er in die Harfe
Und ließ die Saiten leise, leise klingen.
Fremd wie aus andrer Welt die Töne schwebten,
Als er so stand, den Beiden gegenüber,
Die jetzt den Kranz zu reichen und zu nehmen
Schon im Begriff, voll Staunen auf ihn blickten.
Sein Auge war erfüllt von einem Glanze,
Der Allen überirdisch, göttlich däuchte,
Sein Antlitz strahlte, und es leuchtete
Die hohe Stirn, wie seine Harfenklänge
Nun lauter quolln; die Lippen regt' er endlich,
Und als den Kranz Wolfram in Händen hielt,
Begann Tannhäuser ein ergreifend Singen:

Es kam auf blauen Wogen   einsam auf seiner Bahn
Von Süden hergezogen   ein ritterlicher Schwan.
Der hatte einst vernommen   von eines Adlers Fliegen
Und war daher geschwommen,   im Flug den Adler zu besiegen

Sie hoben ihre Schwingen   zum lichten Morgenroth,
Einander zu bezwingen   um Leben oder Tod,
Sie zogen Kreis' um Kreise   mit rauschendem Gefieder,
Da von der kühnen Reise sank flügellahm der Schwan hernieder.

Doch eh' sein Blick gebrochen,   eh' er vom Leben schied,
Hat er noch mal gesprochen: „Nun hört mein Schwanenlied,
Ihr dürft mir's nicht versagen,   es ist gar bald verklungen."
Da hörten sie sein Klagen,   und also hat der Schwan gesungen:

Fahrt wohl, ihr reinen Lüfte,   du hochaufbrausend Meer,
Ihr holden Blumendüfte   und ihr, mein Schild und Speer,
Mein wiehernd Roß im Streite,   mein lieblich Harfenspiel,
Du Schwert an meiner Seite!   euch allen setz' ich hier ein Ziel.

Um Eine ist mir's leide, daß ich von hinnen muß,
Sie nehme, wenn ich scheide, den letzten Gruß und Kuß,
Ich ruf's in alle Winde: sie war mir lieb vor Allen,
Sie kennt mein Herz von Kinde, vor ihren Augen will ich fallen.

Ich dachte noch zu nehmen gar einen hohen Flug
Und muß mich scheu'n und schämen, daß ich so stolz mich trug.
O könnt' ich euch vererben, was ich im Herzen habe!
Das löscht nun aus mein Sterben und ruht mit mir in
                                    meinem Grabe.

Pflanzt mir auf meinen Hügel nur einen Rosenstrauch,
Frau Minne wob mir Flügel, Frau Ehre that es auch.
Nun laßt den Tod mir geben, nichts Andres fordr' ich mehr,
Fahr' hin, du süßes Leben! ach! machst du mir das Scheiden
                                    schwer!

Jetzt aus der Sänger und der Gäste Reihen
Brach leises Weinen und verhaltnes Schluchzen,
Der Landgraf selber preßte sich die Lippen,
Und Wolframs Brust ging wallend auf und nieder.
Er schritt zum Gegner, und den Kranz ihm bietend
Sprach er: „Nimm hin den Kranz! ich geb' ihn Dir!
In Deinem Sange ruht noch ungeboren
Ein Göttliches; auf! lebe, es zu schaffen!
Und andre Kränze werden noch Dein eigen.“
Tannhäuser trat zurück mit stolzem Blicke:
„In Deiner Gnade leben? nimmermehr!“
  „Auch nicht in meiner Liebe, Ofterdingen?“ —
Zu Boden fielen tönend da zwei Harfen,
Und in den Armen lagen sich zwei Sänger
Und hielten lange, lange sich umschlungen.
Endloser Jubel brauste durch die Halle,
Die Sänger ließen alle Saiten stürmen,
Der Landgraf blickte dankend auf zum Himmel,
Und Irmgard weinte an der Fürstin Busen.

IX.

Hohe Minne.

Der Sommer schuf an seinem Segen
Und brauchte seine Zeit und Macht,
Den rollenden Gewitterregen,
Des Tages Glanz, den Thau der Nacht.
Die Früchte reiften an den Zweigen,
Und es verkündete im Plan
Der vollen Aehren sanftes Neigen
Des Erntetages fröhlich Nahn.
Da schlug in einer Brust auch Wogen
Hochaufgeschossen eine Saat,
Die sich aus Sehnsucht Kraft gesogen,
Und ihre Frucht ward reif zur Mahd.
Tannhäuser sah nicht länger Schranken
Vor seiner stillen Liebe Gluth,
Und unter fliegenden Gedanken
Schritt er mit thatentschlossnem Muth.
Der große Kampf war ausgefochten,
Und war ihm auch des Sieges Preis
Nicht selber um die Stirn geflochten
In rühmlicher Genossen Kreis.

Nannt' ihn doch Niemand überwunden,
Freiwillig hatt' er sich gebeugt;
Und kam es über ihn in Stunden,
Was streitend wider ihn gezeugt,
Das Urtheil, das er sich gesprochen,
Mit dem erdrückenden Gewicht,
Daß er sich selbst den Stab gebrochen
Vor der Geliebten Angesicht,
Ließ doch der Trost sein Herz genesen
Und macht' es wieder froh und leicht,
Daß Wolfram grade es gewesen,
Der ihm den goldnen Kranz gereicht.
Bald kehrte das ihm fast geraubte,
Das Selbstvertrauen ihm zurück,
Und mit gestärkter Hoffnung glaubte
Er wieder an ein künftig Glück.
Der Landgraf stand ihm treu zur Seite
Und blieb ihm nach wie vor geneigt,
Ja, hatte seit dem Sängerstreite
Nur größre Huld noch ihm gezeigt.
Noch näher hielten die Genossen
Sich ihm verbunden, und zumeist
Hatt' ihm in Freundschaft sich erschlossen
Wolframs weitblickend tiefer Geist.
Nun wieder füllte seine Tage
Die Freude und die Zuversicht,
Mit ungebrochnem Flügelschlage
Schwang er sich auf im Morgenlicht.
Geehrt, geliebt in seinem Stande
Und bei den Edelsten in Gunst,
Vom Ruhm getragen durch die Lande
In Ritterthum und Sangeskunst,
So auf der Sonnenhöh' des Lebens
Stand er in seiner Mannheit Kraft,

Wo mit dem freien Muth des Strebens
Der Wille einzig herrscht und schafft.
Wo sah Tannhäuser seines Gleichen?
Wo war auf aller Wünsche Bahn
Ein Ziel für ihn nicht zu erreichen
In seines stolzen Herzens Wahn?
Ihm fehlte nichts, als nur das Eine,
Doch seiner Sehnsucht Heil und Hort,
Daß Irmgard schrankenlos die Seine,
Und das auch hing an einem Wort.
Kein Zweifel irrte ihn, er wußte
Von der Geliebten sich geliebt,
Und daß sie ihm sich geben mußte
Wie man auf Frage Antwort giebt.
Schon fühlte er in Lust und Wonnen,
Drin Welt und Wirklichkeit vergeht,
Von ihren Armen sich umsponnen,
Von ihres Athems Hauch umweht.
Verkörpert und verklärt sein Ringen
Sah er in diesem holden Weib,
Die Schönheit mit des Geistes Schwingen,
Psyche im staubgebornen Leib.
Er aber dachte sich als Eros,
Der sie aus hartem Loos befreit
Und aufwärts trägt, der Liebe Heros
Zu ihrer Beider Seligkeit.
Ihn hielten Frauen nicht gebunden,
So viele auch ihm nachgestellt,
Nur Eine konnt' es, und gefunden
Hatt' er sie endlich in der Welt.
Nie konnte sein Verlangen heilen
Wohlfeiler Herzenssiegerruhm,
Mit einer Einz'gen wollt' er theilen
Der Minne ganzes Königthum.

Mit Hoffnungglühn und Freudebeben
Flog er zu ihr, sah nicht zurück,
Vor sich ein götterähnlich Leben,
Ein überwältigendes Glück.

Und Irmgard mit der Sehnsucht Triebe
Dacht' an den Freund in süßem Weh,
Es wuchs und stieg in ihr die Liebe
Wie eine sturmdurchwühlte See.
Noch sah sie knie'n ihn an dem Tage,
Da er das Leben fast verlor,
Doch ging er aus der Niederlage
Nur größer, herrlicher hervor.
Noch wandelte durch ihre Sinne
Einschmeichelnd seiner Lieder Klang,
Wie er vom Glück holdsel'ger Minne
In vollen Herzenstönen sang.
Dann wieder dröhnte Wolframs Warnen
Wie jüngsten Tags Posaunenton,
Als er vom sündigen Umgarnen
Der Minne sang mit finsterm Drohn.
Und wie die beiden Sänger kämpften
Um Tod und Leben im Gesang,
So in ihr selber stritten, dämpften
Sich die Gefühle, jedes rang,
Dem andern Unsieg zu bereiten
Mit starken Gründen, wohlgezählt,
Und wie ein Ruf drang in das Streiten
Der Fürstin Wort: „Du bist vermählt!"
Erschüttert bis zum tiefsten Grunde
War Irmgard, denn ihr war bewußt,
Tannhäuser hatte sichre Kunde
Von Lieb' und Leid in ihrer Brust.
Sie hielten's länger nicht verborgen,

Das Schicksal hatt' es so gelenkt,
Als wären sie nach Angst und Sorgen
Zu neuem Leben sich geschenkt.
Beim Tanze nach dem Sängerkriege
Schritt Liebe mit beschwingtem Fuß,
Ein Herold ihrer Herzenssiege
War jeder Blick ein Minnegruß.
Wenn er nun kam mit offnen Armen,
Wie sollte sie ins Aug' ihm sehn?
„Herr Gott im Himmel, hab' Erbarmen
Und gieb mir Kraft, zu widerstehn!"

Er kam, und siegesstolzer hebet
Kein Herr der Welt sich auf den Thron,
Machtfroher, hochgemuther schwebet
Zum Staub herab kein Göttersohn,
Als jetzt Tannhäuser auf den Flügeln
Der Hoffnung seine Wege fand
Und kaum im Burghof aus den Bügeln,
Bald vor der Heißgeliebten stand.
Es war die stille Kemenate
So recht verschwiegner Liebe Port,
Dem keines Merkers Mißgunst nahte,
Sel'ger Erhörung trauter Ort.
Irmgard mit purpurrothen Wangen
Sah auf den ritterlichen Mann,
In ahnungsvoller Scheu befangen,
Als selbst bewegt der Held begann:
„Ich sehe Deiner Blicke Fragen,
Was ich Dir bringe, was ich will, —
Irmgard, ich kann's nicht länger tragen,
Es hält im Herzen nicht mehr still.
Es quillt, wie aus Gewölk am Morgen
Der goldne Strahl der Sonne bricht,

Aus meiner Seele Drang und Sorgen
Ein glühend Wort, erräthst Du's nicht?"
   „Freund, laß es ungesprochen bleiben,
Geheimniß hütend trag' das Herz
Verbotener Gedanken Treiben,
Und seine Sühne sei der Schmerz."
„Nein, Irmgard —

    Zagen und Klagen
    Mag ich nicht leiden,
    Fragen und Wagen
    Soll es entscheiden.
    Sieh mir ins Auge, sag' ob Du mein,
    Kurz wie ein Herzschlag: ja oder nein!

    Dich zu besiegen
    Ist mein Verlangen,
    Wiegen und Schmiegen
    In heißem Umfangen.
    Flieg' an die Brust mir mit jauchzendem Muth,
    Zehrend wie Feuer ist sehnende Gluth.

    Bist Du zu geben
    Alles gesonnen,
    Schweben und beben
    Sollst Du in Wonnen.
    Zaudre nicht, wäge nicht, rufe nicht Halt!
    Stark wie der Sturm ist der Liebe Gewalt!"

Dahin, daher die Blicke schossen,
Und freudetrunken, glückbethört,
Lag sie von seinem Arm umschlossen,
Kaum wissend, was sie denn gehört.
Wie weit hinweg im Weltenraume
Von ihm entführt mit Seel' und Leib
Und übermannt vom holden Traume
Ruht' aufgelöst das schöne Weib.

Wie sie von seinen heißen Küssen
Erdrückt, entzückt nach Athem rang,
In liebetauschenden Ergüssen
Sie ihn, er sie wohl an sich zwang.
Mit feuchter Augen Glanz und Schimmer,
Sprach sie: „Du Hochgeliebter mein!
Wie süß es ist, noch wußt' ich's nimmer,
Zu lieben und geliebt zu sein!"
„Mir wird," sprach er, „mein Trautgeselle,
An Deinem schönen Busen kund —"
Doch sie verschloß in Blitzesschnelle
Mit einem Kusse ihm den Mund.
Und wie er den erwidern wollte,
Entfiel ihr aus dem blonden Haar
Der Schildkrotpfeil, und üppig rollte
Es ihr den vollen Nacken dar.
Da lag die lieblichste der Mähnen
Um Stirn und Wangen hoch gebauscht,
Von langgelockten, dichten Strähnen
War sie goldwellig ganz umrauscht.
Darin vergrub er seine Hände,
Sie blickt' ihn schelmisch blinzelnd an;
„Wer mich mit solchen Ketten bände,
Dem wär' ich ein gefangner Mann,"
So lächelt' er; nun warf sie neckend
Um seine Schulter rings das Haar,
Daß wie mit einem Mantel deckend
Es ganz umschloß das stolze Paar.
Und wie sie sich so an ihn schmiegte,
Die hohe, blühende Gestalt,
Ihr Haupt auf seinem Arme wiegte,
Drückt' er mit zärtlicher Gewalt
Sie fester an sich, strich ihr leise
Das weiche Lockenhaar empor

Und flüsterte verstohlner Weise
Heimliche Worte ihr ins Ohr.
Da schrak sie auf mit Angst und Beben,
Mit einem Male ward ihr klar,
Daß willenlos sie hingegeben
Auf pflichtvergeßnen Wegen war.
Unsagbar traurig, tief beschämet,
Daß sie vor dem Geliebten nicht
Des Glückes Ueberschwang bezähmet,
Sprach sie mit bleichem Angesicht:
„Ich darf nicht zürnen, darf nicht klagen,
Verzeihe mir das Mißverstehn,
Mein ist die Schuld, ich will sie tragen,
Wir dürfen uns nicht wiedersehn.“
„Irmgard! Du schwankst? kannst Dich besinnen?“
Rief er erstaunt, „bist Du nicht mein?
Soll unsrer Seligkeit Beginnen
Auch ihr trostloses Ende sein?“
  „Ich schwanke nicht, mich irrt kein Flehen,
Du forderst Schreckliches von mir,
Was Du begehrst, kann nie geschehen,
Zu viel, zu viel schon gab ich Dir.“
  „Irmgard! Du schläfst in meinen Liedern,
Du wachst in meiner Träume Spiel,
Schwebst mit der Hoffnung Goldgefiedern
Vor mir als meines Lebens Ziel.
Ich liebe Dich wie unter Sternen
Und über ihnen nie geliebt!
Wenn vor des Weltalls letzte Fernen
Die Ewigkeit den Riegel schiebt,
So bist von den lebend'gen Wesen,
Die je gebar, begrub die Zeit,
Du das geliebteste gewesen,
Unfaßlich jeder Endlichkeit.

Ja! schaue mich nur an mit Augen
So freudenstolz, so voll von Glanz,
Laß alle Deine Sinne saugen
Mein jubelnd Wort, Du hast mich ganz!
Und keine Fiber, keine Falte
Und kein Gedanke in mir lebt,
Als daß ich Dich im Herzen halte,
Wie Licht und Schall die Luft durchwebt.
Was Worte! Worte sind nur Schellen,
Und hätten sie des Donners Klang,
Mehr wie des Ozeanes Wellen
Umwogt Dich meiner Liebe Drang.
Und Du? — ich brauche nicht zu fragen,
Was in Dir selber gährt und quillt,
Ich fühl's an Deines Herzens Schlagen,
Wenn Deine Brust an meiner schwillt.
Du liebst mich, Irmgard! all die Gluthen,
All der Gefühle Wunsch und Macht,
Die meine Seele überfluthen,
Sind auch in Deiner hell entfacht.
Was hindert uns, daß wir genießen,
Was Sehnsucht heischt und Liebe weiht,
Zu einem Strom zusammenfließen
In namenloser Seligkeit?
Könnt' ich wie Rosendüfte streicheln,
Wie Schilfgeflüster zu Dir flehn,
Wie Koselüfte Dich umschmeicheln,
Wie Mondesflimmer Dich umwehn!
Ach! mit dem Zauber alles Schönen
Möcht' ich berauschend Dich umsein,
Die schmelzendsten von allen Tönen
Wie Perlen klingend um Dich streun.
Irmgard! mit aller Sterne Grüßen
Strahlt meine Liebe auf Dich ein

Und ringt und kniet zu Deinen Füßen
Und bangt und bittet Dich: sei mein!"
   „Herzlieber Freund! laß alle Worte,
Du machst mir namenlose Qual,
Wir stehn vor festverschloßner Pforte,
Und Dir und mir bleibt keine Wahl.
Bis in den Tod will ich Dich lieben,
Doch bis zur Todessünde nicht,
Uns auseinander hat getrieben
Das Schicksal und die herbe Pflicht.
Die Herzen halten sich die Treue,
Meins geht mit Deinem einen Weg,
Doch lauert hinterm Glück die Reue,
Und übern Abgrund führt kein Steg."
   „Ja, hat denn Deine Liebe Schranken?
Wohnt sie so eng, ist sie so schwach,
Daß ihre Wünsche und Gedanken
Anstoßend an das niedre Dach
Der Tugend pflichtgetreu sich bücken
Und sein empfindlich Sünde! schrein?
Wer nicht den Muth hat, zu beglücken,
Verdient auch nicht, beglückt zu sein. —
Irmgard! bei dieser Thränen Blinken,
Die Dir mein rauhes Wort erpreßt!
Laß nicht ins Bodenlose sinken
All meine Hoffnung, die sich fest
Mit tausend Armen an Dich klammert,
Daß, wenn Du unerbittlich bleibst,
Nicht einst Dich des Verlornen jammert;
Du weißt nicht, wohin Du mich treibst.
Bedenk! was Du zu weigern wagest,
Ist mein tiefinnigstes Begehr,
Ich such's, wenn Du es mir versagest,
Bei keiner Erdentochter mehr.

Soll immer ich das Glück nur träumen?
Erhaschen nie in seinem Lauf?
Beim Blut! ich hol's aus seinen Räumen
Herab mir — oder auch herauf.
Ich will es halten, will es zwingen,
Bis meiner Sehnsucht Gluth gekühlt,
In das Geheimniß will ich dringen,
Wie Weibesliebe lebt und fühlt.
Mit Flammen will ich Dich umwinden,
Vom Sturm geschürt in meiner Brust,
Und meine Lust nicht bloß empfinden,
Ich will auch fühlen Deine Lust!"

„Die Lust! die suchst Du, nicht die Liebe;
Was sich vor Deinen Wünschen thürmt,
Ist Reiz, der mit selbstsücht'gem Triebe
Ins Heiligthum der Liebe stürmt.
Was unlängst Du mir hier gestanden,
Das Minnegehren, das Dich plagt
Und Dich, umstrickt von seinen Banden,
Ruhlos von Weib zu Weib gejagt,
Hast Du aufs Neu heraufbeschworen
Vor mir jetzt, damals warfst Du's hin
Als nicht gemacht für Schwesterohren,
Doch jetzt versteh' ich Wort und Sinn.
Das eben ist es, was uns scheidet,
Und bände mich auch keine Pflicht,
Was Liebe nur gewährt und leidet,
Unmögliches vermag sie nicht!"

Tannhäuser stand, ins Herz getroffen,
Kaum fassend, was ihm hier geschah,
Als er sein Glück und all sein Hoffen
In Trümmern vor sich liegen sah.
Da brach zum Kampf mit dem Geschicke
Geharnischt all sein Trotz hervor,

Und mit aufblitzend heißem Blicke
Reckt' er sich drohend hoch empor:
„Wie Du Dich sträubst, es ist vergebens,
Und wärst von Engeln Du bewacht,
Ich bin das Schicksal Deines Lebens,
Mit mir ist eine stärkre Macht.
Denn wisse: dort von jenem Berge
Schaut eine Andre auf uns her,
Ihr Wort ist meines Wunsches Scherge,
Sie tränkt mit Wonnen mein Begehr.
Frau Venus stand an meiner Wiege
Und sprach den Segen über mich,
Ihr danke ich des Herzens Siege,
Sie giebt mir in die Arme Dich!"
Irmgard sprang auf, sich von ihm kehrend
Und mit weit ausgestreckter Hand
Sich gegen die Berührung wehrend,
Angstflüsternd, was er nicht verstand.
Dann aber trat sie ihm entgegen,
Stolz, hoheitsvoll empor gerafft,
Und sprach in edlen Zornes Regen,
Walkyrenschön in ihrer Kraft:
„Der Hölle Macht bist Du verfallen?
Die Valandinne ist Dein Trost?
Sie, sie hat Dich in ihren Krallen,
Du bist von ihr umgarnt, umtost
Und wagst es noch, mit ihr im Bunde,
In dieser Sonne Licht zu stehn?
Und wirbst mit schuldbeflecktem Munde,
Wo reine Himmelslüfte wehn?
Zurück! hinweg von dieser Schwelle,
Die Dein verruchter Tritt entweiht!
Da drüben finde Deine Stelle,
Von schnöder Teufelskunst umfeit!"

Tannhäuser keuchte athemwallend,
Er zitterte am ganzen Leib
Und knirschte beide Fäuste ballend:
„Du bringst mich noch zum Wahnsinn, Weib!"
Zwar wußt' er schnell sich zu bezwingen,
Doch wollte im gedämpsten Ton
Der Groll aus jedem Worte springen:
„Dô vô beule! ich gehe schon.
Und so — so schüttle ich entschlossen,
Den Staub des Tages von den Schuhn
Und eile, um von Nacht umflossen
An einer Göttin Brust zu ruhn.
Du denkst noch an den Sehnsuchtsatten,
Der niemals wiederkehren darf,
Der weithin seines Daseins Schatten
In Dein vereinsamt Leben warf!"
Schon wandt' er sich, da plötzlich wieder
Hing sie an seinem Halse jetzt,
Hielt' er sie nicht, sie sänke nieder,
Von Herzeleid in Tod gehetzt.
„Heinrich! gesteh's, Du willst mich schrecken,"
So flehte sie, „es ist nicht wahr!
Sie darf nicht ihre Hände strecken
Nach dem, der mein Gespiele war.
Nein, sag' ich, nein! so nimmer scheiden,
Kannst Du von Leben, Ruhm und Sang,
Heinrich! um Jesu Christi Leiden!
Geh' nicht den fürchterlichen Gang!"

   „Laß mich! was hülf' es, wenn ich bliebe?
Die Kluft ist zwischen uns zu groß,
Du hast ein Maß in Deiner Liebe,
Die meinige ist grenzenlos."

   „So hast Du sie noch nicht verstanden,
Die Liebe, die sich an Dich schmiegt,

13*

Hier bangt ein Weib in Deinen Banden,
Das ist im Innersten besiegt —"
  „Und mein?! ach! Engelsflügel fächeln
Mir in die Seele Trost und Ruh,
Irmgard! Irmgard! von Dir ein Lächeln
Schließt heilend alle Wunden zu.
Ich wußt' es ja; nun ist's gelungen,
Die Göttin selbst tritt für mich ein,
Und ihre Macht hat Dich bezwungen,
O sag' es endlich! bist Du mein?"
Sie fuhr zurück, von Grau'n geschüttelt
Und wie von Unholdsnäh' umkreist,
In allen Tiefen aufgerüttelt —
„Niemals! bei meiner Mutter Geist!"
  „Irmgard!! — — hahahaha! Du weinst?
Lache doch, Liebchen! statt daß Du greinst!
Bei Deiner Mutter hast Du geschworen?
Hatt' auch eine Mutter, — hab' sie verloren,
Die hatt' einen Traum — hahaha! einen Traum!
Sage nicht, das wäre nur Schaum;
Es lispelte lieblich, es dröhnte wie Erz
»Mir aber, mir gehört sein Herz!« —
Irmgard! es geht um die Ewigkeit!
Du stößt mich hinaus aus der Christenheit;
Ich weiß den Weg, will ihn beschreiten
Furchtlos durch Flammen lichterloh,
Aber in allen Lebenszeiten
Wirst Du nicht wieder lebensfroh.
Fürchtest Du Dich, daß Du vor mir fliehst?
Graut Dir, da Du mich scheiden siehst?
Ach! über Alles hatt' ich Dich lieb,
Du Ruhedieb!
Du meines Herzens Osterspiel,
Nur viel zu viel.

Den lachenden Mund,
Der Liebe lügt
Und mit Küssen betrügt,
Den schlage der Blitz in den Grund!! —
Ein Reiter ritt im Abendroth,
Schuf Weibesherzen süße Noth —
Du winkst, ich soll gehn?
Das will ich auch! spare Dein Flehn!
Zum weidlichsten Weib
Voll Liebesgluth,
Mit dem minnigsten Leib,
Wie nie in Mutterschoß geruht.
Da will ich schwelgen in Lilien und Rosen
Und küssen und kosen,
O meine Sehnsucht! o Sälde, mein Sinn!
Du göttliches Bild, nimm mich hin! nimm mich hin!
Venus!! schließ auf des Berges Pforte!
Dein Ritter naht, laß ihn herein!
Ich will mit Deinem Zauberworte
In Deiner Minne selig sein!
Ha dort! — sieh dort! — sie schwebt, sie winket, —
Herzzwingender Schönheit Wunderbau!
Ihr Busen wogt, ihr Auge blinket, —
Ich komme, Venus, süße Frau!!" —

Tannhäuser floh, wie er gesprochen,
Mit irrem Blick, verworrnem Sinn,
Und Irmgard warf sich kraftgebrochen
Vor des Erlösers Bildniß hin.

X.

Der Hörselberg.

Es dunkelt, und die Luft ist schwül,
Kein leiser Windhauch, frisch und kühl,
Bewegt ein Blatt an Busch und Baum,
Kein Stern erglänzt am Himmelsraum;
Die Wolken stehen dicht geballt
Und finster drohend über dem Wald,
Kein Vogel regt sich, kein Käfer summt
In Laub und Lüften ist Alles verstummt,
Die Wurzel schläft, der Wipfel träumt,
Schweigen hält alles Leben umsäumt.
Da nahet Gestampf von Rosseshuf,
Es dringt durch die Stille ein schauriger Ruf:
„Hussa! greif aus! laß liegen, was liegt!
Verrathen ist, wer sich in Hoffnung wiegt!"
Wie Hagel und Schloßen daher gebraust
Kommt durch die Nacht ein Reiter gesaust:
„Hussa! nur schnell! noch schneller, mein Roß,
Zum harrenden Lieb im verzauberten Schloß!"
Es schüttert und schnaubt und prasselt und schallt,
Daß von den Bergen es widerhallt:

„Hussa, mein Herz! mit Flammen und Fluth
Will ich dich tränken in deiner Gluth!"
Es fliegt das Roß, gebadet in Schweiß,
Dem Reiter dreht sich der Wald im Kreis. —
Tannhäuser ist es, er jagt und stiebt
Rasend dahin, daß es Funken giebt,
Er drückt dem Schimmel die Sporen ein
Und hetzt und setzt über Stock und Stein,
Ueber Weg und Steg und der Brücke Joch,
Er hat nur den einen Gedanken noch:
In den Berg! in den Berg! durch das dunkele Thor!
Und läge die ganze Hölle davor!
Es zittert das Gras, wie der Boden dröhnt,
Es lauscht der Fuchs, wie der Hufschlag tönt,
Vom Neste gellt des Vogels Schrei,
Da ist der Reiter schon vorbei
Und kommt aus dem Thale, die Zügel verhängt,
Auf dampfendem Pferd ins Freie gesprengt,
Nur immer grad' aus in die Nacht hinein,
Es dämmert ja noch ein matter Schein.
Schon zeigt sich am Himmel ein scharfer Rand,
Das ist der Hörselberg über dem Land;
Mit breitem Rücken liegt er gestreckt,
Wie schwarz verhangen und zugedeckt
Ein riesenhafter, vergessener Sarg,
Den noch kein Grab in der Erde barg,
In dessen düsterm Gehäuse Raum
Für eines Jahrtausends versunkenen Traum.
Tannhäuser hält an des Berges Fuß,
Sitzt ab und klopft zum letzten Gruß
Den Schimmel: „Lauf' hin, mein treuer Vasall,
Du findest auch ohne mich den Stall."
Der Schimmel trottet entlang den Bach,
Wohl kennt er den Weg nach Eisenach.

Tannhäuser steigt in hastiger Flucht
Bergan durch eine waldige Schlucht.
Wie ungestüm er vorwärts drängt,
Sich durch Gesträuch und Ranken zwängt
Und gegen Alles, was ihn hemmt,
Brust und Arme gewaltig stemmt,
Bricht er sich kämpfend, dem Ziel zu nah'n.
Durch die verrufene Wildniß Bahn.
Und endlich steht er auf dem Kamm,
Der öde und wüst wie Meeresdamm.
Da wächst kein Baum, da grünt kein Strauch
Und keine Blume giebt duftigen Hauch,
Nur Moos und Flechten und hungrig Kraut
Und dürres Gras aus dem Sande schaut.
Als jetzt der Wind darüber streift,
Säuselt und zischelt es, wispert und schleift
Wie Gespenster, die ungesehn
Flüsternd über den Kirchhof gehn.
Tannhäuser wandelt hoch oben und kreist,
Selber ein unruhgetriebener Geist,
Suchet und wanket und schweift und späht,
Wo sich der Eingang zur Tiefe verräth.
Aus dem Boden schlagen und irrn
Bläuliche Flammen, flackern und flirrn,
Hüpfen und tanzen im Dunkeln voran,
Kaum daß er ihnen folgen kann,
Und wie sie plötzlich verlöschen in Luft,
Steht er vor einer gähnenden Kluft.
Das ist der Weg, da geht es hinein
In des verwunschenen Berges Gestein,
Horch! — was klingt? was singt und lockt?
Tannhäuser das Blut im Herzen stockt;
Vorwärts! hinab! was zögerst du noch?
Schwankst du jetzt wieder? besinnst du dich doch? —

Es ist ein Ort, von Grauen umschwebt,
Vom Winde umsaust, der stärker sich hebt;
Dort vor der Höhle scheint Einer zu stehn,
Siehst du den Mantel, den Bart nicht wehn?
Jetzt reckt er die Arme empor vom Rumpf,
Und eine Stimme tönt hohl und dumpf:
„Geh' nicht zur Holda, zum wüthenden Heer,
Du findest nimmer die Wiederkehr!"
Tannhäuser überläuft es kalt,
Doch näher tritt er der greisen Gestalt;
Da ist es nichts, der Spuk ist fort,
Nur Risse und Spalten sind hier und dort,
Das Windsgebraus hat ihn erschreckt,
Sein eigener Schatten ihn geneckt,
Denn heller wird's in der Wolkenschicht,
Ganz dringt nicht durch des Mondes Licht,
Doch deutlicher zeigt sich Alles im Rund
Und um so schwärzer der offene Schlund.
Jetzt schwirrt der Sturm mit tosender Wucht
Und rüttelt am Berg und heult in der Schlucht;
Wie er in Schutt und Gerölle schürft,
Kommt er um Klippen gerasselt, geschlürft
Und zaust das Gras und pflügt das Land
Und wühlt und schaufelt im wirbelnden Sand,
Er donnert und stößt, er würgt und kreischt,
Als würde die Erde von ihm zerfleischt
Und durch das krachende Felsengeripp
Pfiffe er hin wie durch Dornengestripp.
Tannhäuser steht wie festgerammt,
Der Eiche gleich, der Wurzel entstammt;
Ob auch der Wipfel schwingt und schwankt,
Das Mark im Innern nicht weicht und wankt.
Er hört kein Warnen, hört kein Drohn,
Sein Herz weilt in der Tiefe schon,

Und wie der Sturm sich an ihm bricht,
Den trotzigen Willen beugt er ihm nicht.
„Wie dunkel der Weg, wenn's einen giebt,
Wie schwer der Riegel, der vor sich schiebt,
Packt mich auch Schauder wie vor dem Grab,
Ob Rückkehr, ob nicht! — ich will hinab!
Platz da, was auf der Schwelle liegt
Und wie Gewürm am Boden kriecht!
Strahlt mir von oben her kein Stern,
Mach' ich dort unten mich zum Herrn!"
Heraus zieht er das Schwert mit Macht,
Entschlossen schreitet er zum Schacht,
Verschwindet in des Berges Nacht. —

———

Es spinnen die Stunden den nächtigen Traum
Und weben und wirken den schließenden Saum
Von Abend zu Morgen mit fleißiger Hand
Und kleiden die Zeit in ihr täglich Gewand.
Lichtscheuen Geheimnissen breiten sie vor
Wohlthätigen Schleiers verhüllenden Flor,
Der heute von finsteren Wolken bedrückt
Und morgen mit goldenen Sternen geschmückt.
Wer aber hält das Heut in der Hand?
Wer weiß, wohin das Gestern entschwand?
Wer sieht das Morgen, eh' es kommt?
Wer hofft und zweifelt nicht, ob's frommt?
Ein Unheil springt, das andre schleicht,
Und wenn das Glück die Flagge streicht,
So hält das Schiff nicht mehr im Sturm,
In seinem Holze sitzt der Wurm.
Doch unaufhaltsam strömt die Zeit
Herauf, hinab in Ewigkeit

Und trägt dahin den Sinn und den Rath
Und Worte und Werke und jegliche That.
Die Stunden verrinnen, die Tage vergehn,
Da ist Entsetzliches geschehn,
Verhängniß greift ins Leben hinein
Und packt und schüttelt Groß und Klein,
Gewürfelt wird um Klein und Groß,
Weltschicksal oder Menschenloos,
Verfallen ist es dunkler Macht,
Der Himmel weint, die Hölle lacht.

———

Zur Bergeshöhle schaut herein
Von außen des Tages Dämmerschein,
Gewitter rollen übers Thal,
Die Felswand leuchtet im rothen Strahl.
Tannhäuser hebt sich vom feuchten Gestein,
Fieberfrost schüttelt ihm das Gebein,
Die Stirne glüht, die Schläfe pocht,
Das Blut in seinen Adern kocht,
Und brennender Durst macht ihn matt und krank, —
Wo sog er doch jüngst so erquickenden Trank?
Er besinnt sich nach seines Weges Spur:
Wo bist du denn? wo warst du nur?
Barmherziger Gott! bei der Teuflin im Berg,
Bei dem wüsten Gelag und dem wilden Gezwerg!
Mit der Hölle gebuhlt, bei Venus gehaust,
Sie angebetet, — ihm graust! ihm graust!
Ist es denn Wahrheit? ist es kein Traum?
Wie lange war er im höllischen Raum?
War's eine Nacht? waren's sieben Jahr?
Er ringet die Hände, er rauft sich das Haar,
Er horcht hinein nach der Höhle Grund.

Kein Ton bringt aus dem finstern Schlund,
Er hört nur, wie das Wasser tropft
Und wie das Herz ihm im Busen klopft,
Er sinkt in die Knie: in Ewigkeit
Verloren ist Seele und Seligkeit!
Er kann nicht beten, er stürzt hinaus,
Verfolgt von einem unsagbaren Graus,
Und steht vor der Höhle und athmet schwer,
Der Scharfenberg schaut trübe daher,
Die Wartburg glänzt in der Sonne Licht,
Die aus den ziehenden Wolken bricht.
„O Irmgard! o Wolfram!“ so jammert er laut,
Das Antlitz von heißen Thränen bethaut,
Und taumelt den Berg hinab und wankt
Zur Herberg, wo er dem Wirthe dankt
Mit stummem Blick und reichlichem Sold,
Und raffet zusammen sein Gut und Gold
Und rüstet sich, sattelt sein Roß allein
Und reitet verzweifelt ins Land hinein.

XI.

Auf der Pilgerfahrt.

Wohinaus?! Tannhäuser wußte
Seines Wegs kein Ziel und Ende.
Durst' er noch mit guten Menschen
Unter einem Dache ruhen?
Bracht' er nicht den Fluch der Sünde
In das Haus, in das er eintrat?
Stand es ihm nicht auf der Stirne
Gar geschrieben, wo er herkam,
Daß ihn Christenleute flohen?
Gram im Herzen, ritt er einsam,
Wo das Roß den Pfad sich wählte
Ohne seines Zügels Lenkung.
Fort! nur fort aus diesen Bergen,
Wo ihm soviel Freude blühte,
Wo sein schönstes Glück ihm winkte
Und ihn doch betrog die Hoffnung,
Und wo endlich er dem Bösen
Und der Hölle Macht verfallen!
Wie um ihn der feuchte Herbstwind
Blätter brach und Blumen knickte,

So im Sterben und Verwelken
Dessen, was einst blüht' und grünte,
Sah er jetzt sein eignes Leben
Abgeblüht, geknickt, gebrochen,
Und kein Mund verhieß ihm tröstlich
Eines neuen Frühlings Aufgang.
Hinter ihm im Sattel hockte
Ein Gespenst, das ihn umfaßt hielt
Um die Brust, ihn preßt' und würgte
Und nicht abließ, teuflisch höhnend
Ihm der Venus arge Worte
Immerfort zu wiederholen.
Furchtbar klang's ihm in den Ohren,
Was, da er am Ziel sich glaubte,
Ihm die Wissende enthüllte.
Dieser Sturz aus seinem Himmel
War so schmerzlich ihm und schrecklich
Wie die Schande seiner Seele.
Keinem Menschen mocht' er's sagen,
Was im Berge er gesehen
Und erfahren, ausgenommen
Einem Einz'gen, — doch wo war der?
Dieser Einzige von Allen
War der Fiedelvogt, und wirklich
Faßte den Entschluß Tannhäuser,
Diesen alten, treuen Freund
Nun im Reiche aufzusuchen,
Daß ihm der die schweren Lasten
Rathend, tröstend tragen hülfe.
Tages nach dem Sängerkriege
Hatte er den wackern Spielmann
Selbst auf Kundschaft ausgesendet,
Nach dem Leben oder Tode
Ritter Scharfenbergs zu forschen,

Um Gewißheit zu erlangen,
Ob nicht Irmgard los und ledig
Jenes Bandes, das noch hindernd
Zwischen sie und ihn sich legte.
Ach! nun mocht' er's gar nicht wissen,
Denn er wagte niemals wieder,
Vor ihr Angesicht zu treten;
Sträflich schienen ihm, verworfen
Selbst die lautersten Gedanken
An die heißgeliebte Freundin,
Seit er mit der Valandinne
Sich im Hörselberg versündigt.

Manche Straße fuhr Tannhäuser,
Manche Stadt durchfrug, durchforscht' er,
Aber nach dem Fiedelvogte
Suchte er umsonst, und wandte
Nach Alzey, des Alten Heimat,
Balde sich, doch auch vergeblich.
So kam er nach Worms am Rheine,
Wo er sich und seinem Schimmel
Endlich eine Rast vergönnte.
Drüben vor der schönen Bergstraß
Auf des Rheines rechtem Ufer
Wußt' er ein berühmtes Kloster,
Die Abtei von Lorsch geheißen,
Wo der deutsche König Ludwig
In dem bunt geschmückten Kirchlein
Seine Ruhestatt gefunden.
Dahin zog es den Bedrängten,
Denn von Tag zu Tage stärker
Mahnt' und trieb ihn sein Gewissen,
Seine Sünden doch zu beichten.
Und er setzte auf der Fähre

Uebern Rhein mit seinem Hengste.
Drüben am erhöhten Ufer
Warf er in das Gras sich nieder
Und ließ frei den Schimmel weiden
Grade wie vor langen Jahren
In den Eisenerzer Alpen.
O wie glücklich war er damals
Auf der grünen Alm gewesen,
Als er aus des Mönches Kutte
Wie ein Schmetterling gekrochen
Und die Welt in goldner Freiheit
Ihn mit tausend Freuden grüßte!
Nichts besaß er, als ein Schwert
Und ein Roß und eine Harfe,
Als von Adamunt er auszog,
Ruhm und Minne aufzusuchen.
Und wie war er nun gebettet?!
Reue mit den Schlangenbissen
Fraß und fraß an seinem Herzen,
Furien peitschten sein Gewissen,
Hetzten ihn mit Folterqualen
Durch die Nachtwach' eines Daseins,
Das er von sich abzuschütteln
Sich nicht traute, denn es gähnte
Das Gespenst der Ewigkeit
Endlos schaurig ihm entgegen,
Wenn er keine Gnade fände.
Und dazu die Scham, die schreckhaft
Wie der Starrblick der Medusa
Ihm den Spiegel vors Gesicht hielt,
Daß der Stolze vor sich selber
Sich so elend sehen mußte,
Der vor allen Mitgeschaffnen
Sich allein so hoch vermessen.

„Giebt's denn keine Kraft auf Erden?
Die mir das Gedächtniß tödtet?"
Rief er jammernd, doch untilgbar
Blieb Gescheh'nes, unbarmherzig
Hielt umkrallt ihn die Erinnrung.
War der von der Welt Verstoßne
Seines Ritterthums noch würdig?
Fort mit Allem, was dran mahnte!
Eilig nahm er Wehr und Waffen,
Helm und Rüstung, Gut und Habe,
Herzog Leopolds Turnierdank,
Landgraf Hermanns goldnen Kranz,
Seine schön verzierte Harfe
Und was er von Siegesbeute
Aus dem Morgenland noch hatte,
Packte alle seine Schätze
Auf den Schild, hob ihn mit Armen
Hoch empor und stürzte Alles
Nieder in des Rheines Fluthen.
Brausend sprudelten die Wellen
Und verschlangen's in die Tiefe,
Und der Strom floß wieder ruhig
Ueber dem versenkten Horte.
„So begraben und vergessen
Sei mit eins von dieser Stunde
Minnelust und Minnegehren!"
Rief Tannhäuser, griff den Schimmel
Und ging mit ihm nach dem Kloster.

Lange erst in der Kapelle
Kniet' er an dem Königsgrabe
Und dann frug er nach dem Abte.
Aber als er seine Beichte
Kaum damit begonnen hatte,

Daß er aus dem Zauberberge
Von der Teuflin Venus komme,
Unterbrach ihn schon der Abbas,
Wollte mehr nicht von ihm hören.
„Nur der Stellvertreter Gottes
Kann von dieser Schuld Dich lösen,“
Sprach er, „drum nach Rom hin pilgre,
Wirf dem heil'gen Vater selber
Gnade flehend Dich zu Füßen,
Meine Kraft hat ihre Grenzen.“
Damit wies der Mönch dem Ritter
Streng die Thüre; dem Zerknirschten
Nicht einmal ein Obdach gönnend
Stieß er ihn hinaus ins Elend.
Nicht den Hengst wollt' er behalten,
Der der Hölle Gast getragen,
Nahm ihn endlich doch zum Tausche
Für ein Weggeld und ein Mönchskleid.
Darein hüllte sich Tannhäuser,
Daß den hohen, mächt'gen Ritter
Niemand kannte, und begab sich,
Nacht am Himmel, Nacht im Herzen,
Auf die Pilgerfahrt nach Rom.

Bald auf seiner Wandrung kam er
Durch ein ärmlich Dorf; da trat ihm
Kummervollen Angesichtes
Rasch ein junges Weib entgegen:
„Seid gegrüßet, frommer Bruder,
Den der Himmel sendet!“ rief sie,
„Kommt mit mir in jene Hütte,
Einen Sterbenden zu trösten,
's ist ein alter, braver Spielmann.“

„Was? ein Spielmann?" frug Tannhäuser,
„Ist's der Fiedelvogt, Spervogel?"
　„Ja der Fiedelvogt! Ihr kennt ihn?"
„Doch er lebt noch? sprich! er lebt doch?"
„Ja er lebt noch, ganz bei Sinnen,
Ganz vergnügt auch," sprach die Junge,
„Doch er sagt, er wolle sterben."
In die Hütte bald getreten
Waren beide, wo Spervogel
Seines letzten Stündleins harrte.
Ruhig lag er, bleich und müde,
Und die vollen weißen Haare
Sammt dem langen Bart umrahmten
Ein ehrwürdig Greisenantlitz,
Draus die hohlen grauen Augen
Schier verwundert, fragend schauten,
Als der Bruder Mönch hereintrat.
Auf das Lager zu ihm setzte
Sich Tannhäuser mit den Worten:
„Kennst Du mich wohl jetzt, mein Alter?"
„An der Stimme, nicht am Kleide,"
Sprach der Fiedelvogt, im Antlitz
Einen warmen Strahl der Freude,
„Also doch noch Mönch geworden!
Zeigt mal her! auch schon geschoren?"
Damit wollt' er die Kapuze
Seinem Freund vom Haupte ziehen,
Doch zu schwach schon, sank er rückwärts,
Und Tannhäuser that es selber;
„Nein, die ritterlichen Locken
Zieren noch den harten Trotzkopf.
Nun, Ihr braucht mir nichts zu sagen,
Alles weiß ich, hab' auch eben
Nicht mehr lange Zeit zum Hören."

„Du weißt Alles?" frug Tannhäuser.

  „Ja, von Isenache komm' ich,
Bin Euch rastlos nachgetrottet
Wie ein Hund, doch nun ist's alle;
Aber Euch noch was zu sagen
Hab' ich", fuhr er fort und winkte,
Daß die Beiden, die ihn pflegten,
Sich aus dem Gemach entfernten.
Winli war es, der Floitirer,
Und die rothe Hazika,
Die den Alten hier gefunden.
Als der Spielmann mit dem Ritter
Nun allein war, sprach der Erstre:
„Längst schon Wittib ist Frau Irmgard
Und vielleicht war's Eure Lanze,
Die sie dazu machte, denket!
Ritter Kurt vom Scharfenberge
Fiel im Waffenberger Treffen.
Nur drei Tage, nur drei Tage
Traf ich auf dem Scharfenberge
Später ein, als Ihr davon lieft
Zu der Venus; konntet Ihr denn
Die drei Tage nicht noch warten?"
— Nur drei Tage! grausam Schicksal!
An drei kurzen Tagen schwebte
Zweier Menschen Glück und Zukunft.
O wie anders, wie ganz anders
Wär's gekommen, wenn Tannhäuser
Vor dem letzten Ritt zu Irmgard...
Den Gedanken auszudenken
Führt zum Wahnsinn! — Ganz zerschmettert,
Bleich und dumpf ins Leere starrend
Saß er da, bis ihn der Alte
Wieder fragte: „Mit der Kutte,

Drin Ihr Euch mal wieder einmummt,
Ist es doch nicht ernst gemeinet?
Müßt' Euch sonst zum zweiten Male
Aus dem schwarzen Sacke locken.
Gelt, Ihr thatet ein Gelübde,
Nur an einem Gnadenorte
Irgendwo Euch rein zu waschen
Von dem Geisterspuk im Berge?
Macht es kurz, drückt einem Bischof
Brav die Hand, doch ohne Knausern,
Was ja niemals Eure Sache,
Und er spricht Euch los und ledig,
Läßt mit halbem Heil'genscheine
Euch ins offne Brautbett steigen.
Eilt Euch! denn die schöne Wittib
War am Rande der Verzweiflung,
Weint' und weint' und wollt' ins Kloster,
Um für Eure arme Seele
In Sanct Nicolaus zu beten.
Sendet Winli zu Frau Irmgard
Mit der Botschaft, daß sie warte
Und die Burg zur Hochzeit rüste,
Denn bald käm' ihr Tannhusäre."
Ach! der alte Fabulierer
Ahnte nicht, wie bittre Qualen
Er dem schmerzzerrißnen Pilger
Mit dem frohen Zuruf machte.
Doch Tannhäuser, der des Alten
Knapp gemeßne letzte Stunden
Mit der nagenden Verzweiflung
Seiner fluchbeladnen Seele
Nicht verkümmern wollte, zwang sich,
Ruhig, heiter selbst zu scheinen,
Als ob auf den Rath er einging.

„Kann schon werden," sprach er lächelnd,
„Doch nur still! jetzt bleib' ich bei Dir,
Weiche nicht von Deiner Seite,
Bis Du selber wieder auf bist."
   „Auf bist? — unten bist, sagt lieber!
Alte Fiedel — ausgezeigt —",
Und erschöpft vom vielen Sprechen
Lag Spervogel still und keuchte.

Hazika und Winli schliefen,
In des Kranken treuer Pflege
Abgelöst von einem Mönche,
Dem sie doch den Stand des Ritters
Angesehn, und deß Geheimniß
Sie mit Scheu und Neugier füllte.
Nun bei trüber Lampe Schimmer
Hielt die Nacht hindurch Tannhäuser
Einsam Wacht beim Fiedelvogte,
Kühlte ihm die heiße Stirne,
Tränkte ihn und sprach ihm Trost zu.
Wie der alte Spielmannsrecke
Regungslos so vor ihm dalag,
Wandelte im Geist des Sängers
Alles das noch mal vorüber,
Was er in den langen Jahren
Je mit ihm erlebt; er dachte,
Wieviel Lust und Scherz und Freude,
Wieviel schwere, ernste Stunden
Er mit diesem einst erfahren.
Bis in seiner Kindheit Tage
Reichte rückwärts die Erinnrung
An den liederreichen Fiedler;
Dann bei Regensburg gedacht' er
Der Begegnung auf dem Ritte

Von des Kaiser Rothbarts Kreuzheer,
Wo er von der Weid' ihn löste,
Und dann jenes Wiedersehens
Nah beim Adamunter Stifte,
Wo der Fiedelvogt im Walde
Ihm der Mutter Traum gedeutet
Und damit den ersten Anstoß
Auf der Minne Bahn gegeben.
Dann in Wien ihr lustig Leben
An dem Hof des Babenbergers,
Ihre Fahrt zum Odenwalde
Und ihr Ritt dann nach Venedig
Und vor allem noch ihr Kreuzzug
Mit den fürchterlichen Kämpfen
Um Byzanz, im heißen Syrien
Und die Rückkehr nach dem Rheine
Bis zum letzten Thun und Treiben
In der Wartburg breitem Schatten.
Ueberall in Glück und Nöthen
Hatten sie wie Freund' und Brüder
Fest zusammen stets gehalten.
In das glanzerfüllte Leben
Dieses ritterlichen Sängers
War kein Mensch so eng verflochten
Als wie dieser eine arme,
Ehrliche, biderbe Spielmann.
Wenn Tannhäuser dem die Augen
Morgen zugedrückt, so war ihm
Auch das letzte Band zerrissen,
Das ihn noch an Menschen knüpfte.
Keinem sonst durft' er noch nahen
Mit dem schweren Schuldbewußtsein;
Dieser Eine, dieser Letzte
Hätte Alles ihm verziehen,

Alles, wär' ihm treu geblieben,
Wäre mit ihm in die Hölle
Selbst gegangen, und — der starb ihm.
Und er starb so froh und ruhig,
Hatt' ein reiches Spielmannsleben
Tapfer ausgelebt und lustig,
Ihn bedrückte keine Reue.

Endlich kam der Tag; Spervogel
Fühlte nah' sein selig Ende,
Aber war noch klaren Geistes.
Wenig sprach er, kaum verständlich,
„Spielleut Zunft in Ehren halten —
Sänger Könige auf Erden —"
Waren seine letzten Worte,
Leise nur und abgerissen.
Bei ihm saßen nur Tannhäuser,
Winli, Hazika, sonst Niemand
Außer einem Unsichtbaren,
Der ihm seine milden Arme
Freundlich schon entgegenstreckte.
In des Fiedelvogtes Antlitz
Ward es plötzlich hell und heller,
Mit der Linken griff er tastend
Neben sich, wo auf dem Lager
An der Wand die alte Geige
Halb versteckt lag als sein Liebstes.
Auch am Bogen zog und zerrt' er,
Doch umsonst, die Kraft versagte,
Und mit stummem, tiefem Blicke
Sah er bittend auf den Sänger.
Der verstand, nahm Geig' und Bogen.
Und beim alten Meister sitzend
Geigte ihm sein Tannhusäre

Eine sanfte, süße Weise.
Wie ein Lächeln, wie ein Lichtglanz
Lag es auf des Alten Zügen,
Und man sah es, wie er horchte.
Weihevoll und lind und tröstlich
Schwebte sangreich von den Saiten
Ein wehmüthig Schlummerlied,
Und die weichen Bogenstriche
Wurden leiser, immer leiser,
Bald mit lang gezognem Klange
Wie an einem feinen Faden
Noch das letzte Leben haltend,
Bald verhallend, Abschied nehmend.
Traumhaft lösend und befreiend
Spielte so der edle Sänger
Seinen lieben, treuen Alten
In den ew'gen Schlaf hinüber.
Aber als der letzte Athem
Ausgehaucht, ließ er die Töne
Sanft verklingen und warf weinend
Sich auf den geliebten Todten. —

Mitten in dem Vaterlande,
Das der wanderlust'ge Fiedler
All sein Leben lang durchfahren,
War das Dorf und hoch gelegen
Ueber ihm der kleine Friedhof.
Weit hinein ins schöne Franken
Blickte man von dort auf Wälder,
Wiesen, Fluß und Bergeshöhen.
Hier begruben sie den Spielmann,
Legten seine liebe Geige
Zu ihm in den Sarg und pflanzten
Auf das Grab ihm eine Linde.

Nur Tannhäuser und die Beiden,
Hazika und Winli, blieben
Noch allein beim frischen Hügel,
Und Tannhäuser sprach bewegt:
„Schlafe wohl, Du Lieber, Treuer!
Kann Dir jetzt kein steinern Denkmal
Mit dem frommen Sprüchlein setzen,
Das wir einst Dir ausgesonnen,
Aber unvergeßlich bleibst Du,
Und in Liedern wirst Du leben.
Wann wird wohl im Gang der Zeiten
Wieder mal ein Spielmann kommen
Mit so frohem Mund und Herzen,
Mit so sicherm Schwert und Bogen?
Ist mir doch, ich säh' Dich fiedelnd
Vor dem Thron des Höchsten stehen,
Ganz umstrahlt von Himmelsglanze.
Ruh' ein Weilchen aus vom Wandern
Und mit allen Spielmannsehren
Zieh' dann ein in Gottes Frieden!" —
Darauf knieten die Drei nieder
Leise betend; endlich aber
Da's geschehen, schaute Winli
Forschend in des Mönches Antlitz:
„Herr!" so sprach er, „Herr, wer seid Ihr?
Den dort unten liebten Alle,
Die ihn kannten, doch von Edlen —
Und das seid Ihr auch im Mönchskleid —
Weiß ich wohl nur einen Einz'gen,
Der mit soviel Herzenstreue
Unserm Fiedelvogte anhing.
Heinrich, Herr von Ofterdingen,
Der berühmte, stolze Ritter
Und der große Sänger seid Ihr,

Der Tannhäuser! — o gesteht es!"
„Ja, der bin ich!" sprach Tannhäuser,
„Hier bei meinem lieben Alten
Will ich keine Lüge sprechen."
Freudig glänzten da die Augen
Winli's und der schönen Rothen,
„Herr, wir sind nur arme Spielleut,"
Sagte Winli, „aber könnten
Wir mit unserm Blut und Leben
Jemals Eure Lieb' und Treue,
Die Ihr diesem da erwiesen,
Euch vergelten, — Herr, gebietet!
Wir sind Euer!" „Dieses Mönchskleid,"
Sagte Hazika, „verhüllet
Einen Schmerz; Herr, ich will beten
Für Eu'r Heil an jedem Kreuze,
Daß Ihr Ruh und Frieden findet!"
Doch der Sänger, stumm vor Rührung,
Drückte ihnen nur die Hände,
Und die Beiden gingen schweigend.
Einsam auf dem kleinen Friedhof
Blieb Tannhäuser: „Liebe dauert
Uebers Grab hinaus?" so sprach er,
„Von den Todten den Lebend'gen
Wird vererbt sie, und auf Erden
Giebt's noch Menschen, die mich lieben!"

XII.

Rom.

———

Tannhäuser stand vor Rom. Auf einem Berge
Nordwestlich von dem Grabmal Hadrians
Hielt er die raschen Schritte zögernd an,
Denn vor ihm, unter ihm lag ausgebreitet
Im Abendsonnenschein die ew'ge Stadt.

Der Pilger hatte seinen langen Weg
Einsam zurückgelegt, Gesellschaft fliehend.
Für ihn gab's keine Freude jetzt auf Erden,
Und seinem Leid auch fehlt' es an Genossen;
Darum der Menschen trauliche Gespräche,
Ihr Fragen, ihre Blicke selbst vermeidend
Schritt er allein dahin in stummer Eile.
Durch's Land Tyrol zog er die Brennerstraße,
Und in des Frühjahrs wechselvollen Tagen
War's noch unwirthlich rauh auf jenen Höhen.
Die Wolken hingen schwer und tief und wogten,
Getrieben von des Windes kaltem Hauch,
Langsam einher, von Schlucht zu Schlucht sich windend,

Der Berge düstre Felsenbrust umwallend;
Die schneebedeckten Gipfel aber tauchten
Hochleuchtend aus dem dichten Nebelmeer.
So ging's dem Wandrer selbst; ihm war belastet,
Umschnürt die Brust von seinem schweren Grame,
Und dennoch trug er aufrecht noch das Haupt
Und sah nicht ohne Hoffnung in die Zukunft,
Die losgelöst von Allem, was vergangen,
Er sich als thatenreiche Sühne dachte.
Da brauste neben ihm zu Thal der Eisack;
Tannhäuser mußte stets dem Flusse folgend
Vorüber an Burg Seben, und mit Wehmuth
Gedachte er der hier genossnen Tage.
In tiefer Dämmrung drückt' er sich vorbei
Kaum einen Blick zur Felsenhöhe wagend,
Doch jenen Weinberg sucht' er mit den Augen,
Wo er mit Otta manchmal sich getroffen;
Allein er fand ihn nicht, kannt' ihn nicht wieder,
Und die Erinnrung kräftig von sich schüttelnd
Eilt' er vorüber und dem Lande zu,
In dem er seiner Schmerzen Heilung suchte.
Wie hatt' er sich nach diesem Land gesehnt,
Dem Land des blauen Himmels und der Sonne.
Der Prachtgebäude, der Cäsarenmacht,
Die einst urbi et orbi Weisung gab,
Von wo noch jetzt die Welt der Christenheit
Das unfehlbare letzte Wort empfing,
Wenn's kurz und bündig hieß: Roma locuta!
Und wie betrat er nun Italiens Boden!
Nicht hoch zu Roß als sieggewohnter Ritter
Mit Helm und Schild an seines Kaisers Seite,
Nicht mit der Harfe als berühmter Sänger,
Auf dessen Lieder schöne Frauen lauschten,
Nein, als ein Büßender im Pilgerkleide,

Dem heiß die flücht'ge Sohle von der Wandrung
Und heißer noch das Herz von Reue brannte,
Ein Flehender, bereit, das Knie zu beugen
Vor dem Gewaltigen auf Petri Stuhle
Um Gnade und Vergebung seiner Sünden.
Und weiter schritt er auf dem Dornenpfade,
Sich mit des Frühlings neuer Botschaft tröstend,
Die aus der Rebe jungen Blättertrieben,
Der Feige und Kastanie schimmernd lugte
Und aus des Mandelstrauches rothen Knospen.
Schon wehten mildre Lüfte aus dem Süden
In der Olive bläulich grauem Laube
Und in den Kronen immergrüner Bäume,
Dem Wandrer unbekannt, epheuumwunden.
Durch hoch gethürmte, mauerfeste Städte
Führte des Pilgers Weg, wo er ermüdet
Bei frommen Klosterbrüdern Herberg suchte.
Verwundert sah er dort auf Markt und Gassen
Der Bürger hochgetragnen Freiheitsinn,
Den Zunfttrotz und Gemeindestolz, der eifernd
Auf alt und neu verbriefte Rechte pochte
Und auf die selbst errungne Kraft sich stützte.
So kam er von den hohen Apenninen
Durchs gartengleiche Tuscien nach Rom.
Wie aber Moses von dem Berge Nebo
In das gelobte Land hernieder blickte,
Stieg auch Tannhäuser auf den letzten Berg,
Die Stadt zu schauen, eh' er sie beträte.
Den Monte malo nannte ihn ein Hirt,
Der unter schirmenden, gewölbten Pinien
Und schwärzlichen Cypressen seine Ziegen
Dort weidete und gern dem fremden Pilger
Auf sein begierig Fragen Auskunft gab.

Da stand er nun auf seinen Stab gelehnt
Und konnte sich nicht satt schau'n an dem Bilde,
Das hier entrollt zu seinen Füßen war.
Zur Rechten, doch schon halb in seinem Rücken,
Ging niederwärts die Sonne und bestrahlte
Mit feuerhellem Lichte Stadt und Land,
Von links her aus der Ebne floß der Tiber
In einem großen Bogen durch die Wiesen,
Und gradeaus lag Rom im Ring der Mauern.
Was hier zuerst des Wandrers Staunen regte,
Das waren riesenhafte, dunkle Thürme,
Viereckig massig und mit Doppelzinnen,
Die in der Stadt zerstreuet sie beherrschten,
An Zahl so viele und so wolkenhoch,
Daß einer auf den andern Schatten warf.
Dazwischen dann, die Häuser überragend,
Erhoben sich, hier einzeln, dort benachbart,
Die Blicke fesselnd und die Seele stimmend
Die stolzen Bauten alter Römerzeit.
Seitwärts im Westen aber sah Tannhäuser
Von Klöstern und Kapellen rings umgeben
Die Kirche des Apostelfürsten Petrus
Und drüben an dem andern Ende Roms
Die eine, aller Kirchen Haupt und Mutter,
Dem Täufer Sanct Johannes hoch geweiht,
Und neben ihr den Lateranpalast,
Des Papstes Wohnung und sein eignes Ziel.
Sein Auge weilte lang' auf jenem Orte,
Als wollte er des heil'gen Vaters Sinn
Und seines Spruchs Entscheidung schon erspähen.
Doch immer goldiger ward die Beleuchtung
Beim Sonnenuntergang, die Stadt erglänzte,
Die Thürme glühten und die Mauern brannten,
Der graue Stein schien Leben zu gewinnen,

Von gelblich warmem Tone angehaucht,
Und auf der Landschaft lag des Friedens Lächeln.
Des Wandrers Blicke schweiften weit hinaus
Zu der Campagna grünen Weideflächen,
Wo über sanfte Hügel, breite Gründe
Der Wasserleitung lange Bogenreihe
In blauer Ferne endlich sich verlor.
Durchsichtig und krystallklar war die Luft,
In wunderbarer Farbenpracht erschienen
Röthlich und violett, mit Kamm und Gipfeln
Die scharfen, schön geschwungnen Linien zeigend
Jetzt die Albaner= und Sabinerberge;
Darüber schwebte, rund und weich wie Rosen,
Ein leicht Gewölk, das Gold der Sonne spiegelnd.
Es war ein Bild, wie es die nord'sche Heimat
Dem Sänger nie gezeigt, und mit Entzücken
Betrachtet' er's, sein Leid darob vergessend.
Da sank die Sonne, schnell erlosch die Gluth,
Ein bleiern Grau bedeckte Berg und Ebne,
Und farblos lag die Siebenhügelstadt.

Tannhäuser stieg hinab, und als er endlich
Das Thor durchschritten und sein Fuß die Straßen
Von Rom betrat, däucht' ihm, es müßten kommen
In weißer Toga nun mit Purpursäumen
Die Männer Roms, Senatus Populusque,
Und in der Sprache Cicero's ihn grüßen.
Dann wieder bohrten quälende Gedanken,
Wie er wohl diese Stadt verlassen würde,
Als ein Erlöster und mit Gott Versöhnter,
Dem Leben und dem edlen Ritterthume
Zurückgegeben? oder ausgestoßen,
Verloren und verdammt in Ewigkeit?
Planlos durchkreuzte er die engen Gassen

Und merkte nicht, wie ihm ein Fußknecht folgte
In Büffelwams und Sturmhut, Spieß in Händen
Ihm oft voran, oft auch zur Seite schreitend
Und ihn betrachtend, bis der Mann ihn stellte
Und sich bekreuzend auf gut Deutsch begann:
„Herr, alle guten Geister loben Gott!
Seid Ihr es wirklich oder ist's Eu'r Geist,
Der hier in Rom im Pilgerrocke umgeht?"
„Wer soll ich sein?" frug überrascht der Sänger,
„Ein Fremdling bin ich und von Fleisch und Blut."
„Bei meinem rothen Bart, die Stimm' ist's auch!
Erhalt' Euch Gott, Herr Ritter Ofterdingen!"
Rief jener hocherfreut, „kennt Ihr mich nicht?
Der Reinprecht bin ich ja aus Sanct Goar;
Konstantinopel hab' ich mit gestürmt,
War mit dabei, wie wir da ausgeräuchert —
Wie hieß das Ding, das große Schloß, das brannte?
Jetzt bin ich Mann der Grafen Frangipani,
Wir raufen frisch drauf los hier, und wir Deutsche,
Wir sind hier sehr beliebt in Rom als Söldner,
Uns zahlt man immer doppelt, Geld wie Hiebe.
Kann ich Euch dienen, Herr? mit Freuden thu' ich's!"
　　„Dank, Freund! schaff' mir ein Lager für die Nacht
Und einen Trunk, ich will es Dir vergelten
Und bitte noch: verschweige meinen Namen!"
　　„So kommt nur mit mir auf den Palatin,
Wo wir in alten Mauern lustig hausen,
Kriegsvolk und Mönche, Fledermäus' und Dohlen,
Und Niemand fragt, was für'n Geschäft Ihr treibet."
Noch Manches plaudernd schritten sie zusammen
Zum Palatin hinauf, und Reinprecht brachte
Dem Ritter Speis' und Trank, soviel er hatte,
Und schuf ihm eine gute Lagerstatt;
Tannhäuser schlief in dem Palast der Flavier.

Am andern Morgen sah der Neugestärkte
Den Palatin bedeckt mit großen Bauten,
Verfallend hier und dort fast unbeschädigt.
Auf festem Grunde, ungeheuren Pfeilern
Von schwerem Tuff und harten Ziegeln ruhten
Die kühn gespannten Wölbungen und Wände
Mit tiefen Rissen und durchbrochnen Decken,
Daß blauer Himmel in die Dämmrung blickte
Und grüne Ranken darin nieder schwebten
Gleich Ampeln, hell durchleuchtet von der Sonne
In mächtigen Geschossen thürmten sich
Die immerfort erweiterten Paläste
Des Domitian, Tiberius und Augustus,
Septimius Severus' Septizonium,
Noch wohl erhalten, sieben Stockwerk hoch,
Und über alle Schranken sich erhebend
Die Riesenbauten des Caligula.
Da standen noch die Tempel Jupiters
Und ehrfurchtsvoll geschont von allen spätern
Das alte Heiligthum des Romulus.
Tannhäuser irrte durch die weiten Räume,
Die er auf dem geschichtenreichen Boden
Sich bunt bevölkert und geräuschvoll dachte.
Die Hallen schieden sich und die Gemächer,
Die Aula mit der Apsis, die Tribuna,
Vestibulum, Triclinium und Tablinum,
Der lichte Säulenhof, das üpp'ge Bad,
Die Opferstätte, der Altar der Laren
Und die Exedra mit den Ruhebänken.
O wie vertiefte sich der deutsche Sänger
In diese Welt des Reichthums und der Macht,
In der einst neben knechtischer Gesinnung
Auch mancher freie, feine Geist gewaltet
Und an des göttlichen Augustus Hofe

Virgilius und Horatius gedichtet.
Er stieg auf jenes Viereck dann hinauf,
Wo die Auguren einst den Flug der Vögel
Zukünftiges erforschend klug gedeutet,
Von diesem höchsten Punkt sich umzuschauen.
Doch was er sah, erfüllte ihn mit Schrecken.
Die Stadt schien ein Gefild von Hügeln, Thälern,
Wüst und bebaut, bewohnt und unbewohnt;
Weingärten gab es und Gemüsefelder,
Versumpfte Flächen, Unland, Schutt und Scherben,
Hoch aufgehäuft um Unterbau und Stufen
Der ausgeplünderten Basilika
Und um den dreigetheilten Siegesbogen,
Des Triumphators einst'gen Weg verschüttend.
Im Halbkreis zog sich, schattenlos, verfallend,
Längst seines Dachs entblößt, ein Portikus,
Schaurig und einsam standen die Theater,
In denen einst die beifallsfrohe Menge
Bei Plautus' und Terentius' Spielen lachte.
Des Colosseums eisenfester Rundbau
In seiner Höhe einem Berge gleich, —
Und Alles noch an Umfang übertreffend
Die einstmals prächtigen, grandiosen Thermen
Diocletians, Titus' und Caracalla's, —
Nur Reste waren's ihrer alten Größe
Und doch ergreifend noch durch ihren Anblick.
Stadien und Circus, unkrautüberwuchert,
Geborstne Aquaducte, leere Gräber
Und rings verwitterndes Gemäuer starrte
Dem Fremdling gähnend, grauenhaft entgegen.
Endlos schien das Gewirr von krummen Gassen,
Aus denen grünbemoost ein Tempelgiebel
Und einzeln eine hohe Säule stieg;
Gar seltsam schaute über niedern Häusern

Ein Architrav auf Marmorkapitälen
Und mahnte im alltäglichen Gedränge
Der neuen, kümmerlichen Lebenspfade
An dieses Ortes alte Götterweihe.
„Ist dies die ew'ge Stadt, Roma quadrata,
Von deren Herrlichkeit die Völker reden,
In die aus aller Welt die Schätze strömten,
Um mit dem höchsten Glanze sie zu schmücken,
Den Sterbliche zu schaffen je gewagt?"
So frug Tannhäuser, „läßt man so zerfallen
Die hohen Werke ritterlicher Ahnen?
Hinab! ob meine Augen mich nicht täuschen,
Ich will mit Händen greifen, was ich sehe!"
Er suchte sich den kund'gen Reinprecht auf
Und ließ sich von ihm führen, doch die Klage
Verstummte nicht inmitten der Ruinen,
Die er durchwandelnd nun von Nahem schaute.
Was der Erobrer blinde Wuth verschonte,
Woran der Zahn der Zeit sich müde nagte,
Das raubten von den alten Prachtgebäuden
Zerstörend jetzt die Enkel der Erbauer.
Die festen Quadern riß man aus den Fugen,
Die marmorne Bekleidung von den Wänden,
Um Thürme und Castelle draus zu bauen.
Jedweder nahm als Beute, was er konnte,
Die eigne Wohnung damit zu bereichern,
Die sich einnistend an Paläste lehnte,
Und was man von den Säulen nicht zerschlug,
Um Capitäl und Trommel zu vermauern,
Das schleppte man hindann zum Schmuck der Kirchen,
Und das war Rettung noch vor der Vernichtung.
Des Meißels Arbeit, schönes Hausgeräth
Verfiel dem Raub und jeglichem Gebrauche.
Zur Fleischbank diente eine Marmortafel,

Die köstlich auf beschwingten Greifen fußte,
Ein Schuster flickte dort in einem Sessel,
In dem vielleicht ein Consul einst geruht.
Ja schlimmer noch! werthvolle Künstlerschöpfung,
Figurenreiche Friese, Sarkophage,
Vom Postament gestürzte Götterbilder
Warf man zerschlagen und zerstampft in Gruben,
Um aus dem weißen Marmor Kalk zu brennen!
Tannhäuser, dessen Geist das Schöne liebte,
Der stets an edlen und gefäll'gen Formen
Sein Auge weidete, sein Herz entzückte,
Dem Schaffen, Bilden höchste Freude war,
Tannhäuser war im Innersten empört
Von diesem Wüthen rohester Zerstörung,
Und als ein Schurzfellmann vor seinen Augen
Mit schwerem Hammer eine Satyr=Herme
In Stücke schlug, da packte er den Frevler
Und riß ihn fort und schleuderte ihn nieder,
Daß jenem Blut von Stirn und Wange rann.
Da gab es Aufruhr unter den Genossen,
Sie drangen lärmend auf den kühnen Pilger
Mit ihrem Werkzeug ein, er aber räumte
Rasch unter ihnen auf und blieb mit Reinprecht,
Dem andre Knechte helfend sich gesellten,
Bald Herr und Meister in dem scharfen Handel,
Der in den Straßen Roms nichts Ungewohntes.
Die zwei Vertrauten schritten nun vorüber
Am Trümmerrest vom goldnen Haus des Nero
Und an Marentius' Basilika
Mit den drei mächtigen Gewölbenischen
Zum Forum Cäsars und der Republik.
Da stand fast aufrecht Tempel noch bei Tempel,
Und schlanke Säulen strebten himmelan
Mit prächtigen korinthischen Capitälen

Und reichen, weit ausladenden Gesimsen,
Da stiegen Siegesbögen hoch empor
Mit vielem Bildwerk sinnig ausgestattet.
Inschriften zeugten unvergeßne Thaten,
Und überall war edle Kunst verwendet
Zur Zier des Kleinen und des Großen Ehre.
Doch dieser Glanz auch war schon im Verfall,
Bruchstücke lagen dicht gesät umher,
Und immer höher wuchs der Boden an
Und deckte längst die Via sacra zu,
Die von dem schönen Bogen Constantins
Durch all die Pracht zum Capitole führte
Und manchen stolzen Siegeszug gesehen.
Tannhäuser stand auf hohen Ruhmes Grabe
Gedankenvoll; Vergangenheit, die Riesin,
Erweckte ihm Erinnrung tausendfach.
„Wo birgst du dich," so rief er, „alte Rostra,
Von der einst Mark Anton die Leichenrede
Dem Imperator Julius Cäsar hielt?
Deckt dich der Schutt? so segne ich die Erde,
Die dich vor schnöder Raubgier jetzt verhüllt
Und manch ein Heiligthum, manch Götterbildniß
Vor der Entweihung schützend bergen mag
Bis zu des Fundes einst'ger Auferstehung,
Die spätere Geschlechter mehr beglückt!"
Und weiter wandert' er mit seinem Führer,
Und jeder Schritt bracht' es ihm nah vor Augen,
Wie seine eigne Zeit so herrschgewaltig,
So kampfesmuthig, kühn und wild sich zeigte.
Rom war der Sitz streitsüchtiger Parteien;
Des Adels trotzige Geschlechter wohnten
Zerstreut im Weichbild und der Mauern Kranz
Und hatten sich die alten Monumente,
Die jedem Ansturm dauernd widerstanden,

Zur Burg erwählt, zur Festung ausgebaut,
Mit unnahbaren Thürmen sie verstärkt
Und sie versperrt mit schweren Eisenketten.
Das Grabmal Hadrians und des Pompejus
Amphitheater hielten die Orsini;
Das Mausoleum des Augustus hatten
Im Marsfeld die Colonna eingenommen;
Den Cälius und den Palatin beherrschten
Die Frangipani, nahe schon bedrängt
Von den Romani und den Stefaneschi;
Den Aventin besaßen die Savelli,
Die Massimi das Stadium Domitians;
Trajans und Nerva's weite Fora dienten
Als feste Zwingburg dem Geschlecht der Conti;
In dem Theater des Marcellus hausten
Pierleoni, und die Gaetani
Am Grabmal der Cäcilia Metella.
So hatten viele mächtige Barone
In alten Römerbauten ihre Schlösser
Und brachen draus hervor mit ihren Mannen
In ruhelosen Fehden sich bekriegend.
Tannhäuser lernte ihren Hochmuth kennen;
Ein Reiterzug vom stolzen Haus der Conti
Begegnete ihm trutzig, waffenblitzend
Am Tempel der Minerva, und Graf Richard
Ritt tolldreist ihm so nah mit seinem Hengste,
Daß an die Wand gedrückt der Pilger wurde
Und auf ein Witzwort Hohngelächter folgte.
Der Zug ritt weiter, doch in dem Beschimpften
Wallt' heftig auf das heiße Ritterblut:
„Hätt' ich solch einen Rappen unter mir
Und Schwert und Speer, Du solltest büßen, Frecher!"
So grollte er und mußte sich bezwingen, —
Trug er doch jetzt das Staubgewand der Demuth,

Und jener Richard war des Papstes Bruder;
Tief aber fühlt' er die Erniedrigung,
Die er sich auferlegt, er, selbst ein Ritter!

Wo aber war die Macht, die hier von Rom,
Wie einst mit ihren Adlern die Legionen,
Mit Geisteswaffen jetzt die Welt beherrschte
Und die noch nie das Haupt so hoch getragen,
Als eben jetzt? — Sie saß im Lateran.
Papst Innocenz der Dritte war in Dingen
Des Glaubens und des Rechtes wohl geschult,
Ein scharfer Geist mit unbeugsamem Willen
Und herrschbegierig über alles Maß.
Den Streit der Könige im deutschen Reiche
Nutzt' er als kluger Staatsmann, stets bemüht,
Die Hohenstaufen sich zu unterjochen
Und in dem Sinne Papst Gregors die Kirche
Als höchste Gnadensonne hinzustellen,
Sich selber aber auf dem ganzen Erdkreis
Zum einzigen Gebieter zu erheben,
Dem alle Könige gehorchen sollten.
Man sprach von ihm mit Ehrfurcht, ja mit Scheu,
Der Stellvertreter Gottes war der Menge,
In seine hohe Heiligkeit gehüllt,
Nur selten sichtbar, und wer je ihm nahte,
Der stand mit Zittern vor dem festen Manne.
Groß war der Pomp, mit dem er sich umgab,
Den Sinnen bot er gern ein glänzend Schauspiel,
Das bei des Gottesdienstes Amt und Feier
Auf gläubige Gemüther Eindruck machte.
Die Kunst, mißachtet in den alten Resten,
Fand Pfleg' und offne Freistatt in den Kirchen,
Die neugebaut sich in der Stadt erhoben.
Die Porphyrsäulen und die Marmorfriese,

Die man aus Tempeln und Palästen holte,
Sie zierten nun Langschiff, Altar und Kanzel.
Der Steinmetz lernte an den hehren Werken,
Die rohen Formen alter Christenzeit,
Die frommer Sinn mehr, als die Kunst, geschaffen,
Verjüngten sich zu heidnisch freier Schönheit.
Allein das Vorbild wirkte noch zu mächtig,
Und die Apostel, die in gutem Glauben
Der Künstler schuf, sie waren noch Gestalten
Der alten Götterwelt mit Heil'genscheinen;
Die Mutter Gottes dort glich einer Juno,
Und Sanct Johannes wurde zum Apoll.
Doch immer herrlicher ward Schmuck und Zierde;
Ums hohe Chor wob sich ein Glorienhimmel,
Der in musivisch eingelegten Bildern
Auf Goldgrund in den schönsten Farben blinkend
Wie heilverkündend aus der Gottesnähe
Die biblischen Legenden niederstrahlte,
Und Glasgemälde glänzten in den Fenstern
Und warfen bunte Lichter in die Schiffe;
Die Luft schien farbig in den weiten Hallen,
Liebliche Schatten spielten um die Bögen,
Die Säulen und die Säulchen, schlank und grade
Und hier gewunden und mit Laubgefügen.
Nichts war zu kostbar für den Dienst des Höchsten,
Wie ihn zahllose Priester und Prälaten
In prächtigen Gewändern celebrirten.
Tannhäuser blickte auf den Prunk und Aufwand
Mit packender Bewundrung, und er merkte,
Daß eine Macht hier ihre Schwingen reckte,
Die mit des Wunders ahnungsvollem Wirken
Geheimnißreich sich zu umgeben wußte
Und Furcht und Hoffnung, Segen und Verdammniß
Nach ihrem Willen in die Herzen streute. — —

Das war das Rom, wie es Tannhäuser schaute!
Von wechselvollen Stimmungen ergriffen
Durchstreifte er's, bald weihevoll umwittert
Vom Geist der alten großen Römerzeit, —
Bald angezogen und entzückt von Werken
Gepflegter Kunst, wie er sie nie gesehen, —
Bald abgestoßen von dem Ritterthume,
Das hier voll Eifersucht sich selbst bekämpfte
Und nicht wie seins das Schwert für Recht und Ehre
Und für den Sieg der Hohenstaufen schwang, —
Endlich und nicht zuletzt umfaßt, umworben
Von der Gewalt, die stets ihr Ziel im Auge,
Mit Glaubensinnigkeit die Seele lockte,
Mit äußerm Glanz und Schimmer sie berückte,
Mit schweren Strafen drohend sie erschreckte.
Ihm graute vor der unbeugsamen Macht;
Sollt' er doch selber ohne Freund und Rather
Mit seinem schuldbeladenen Gewissen
Bald ihrem stolzen Haupt genüber stehen.
Nah war der Tag, den Innocenz bewilligt,
Des fremden Pilgers Beichte zu vernehmen;
Tannhäuser wußte ihn, und so bereitet,
Von jedes Windes Hauch, der Rom durchwehte,
Bis in das Mark berührt, schritt er ihm zu.

XIII.

Im Lateran.

Die Stunde kam. Es war im Lateran,
Der einer königlichen Hofburg glich.
In jenem großen, prächtigen Palaste
Dicht an der Kirche Sanct Johanns des Täufers
Herrscht' ein lebendig und geschäftig Treiben,
Geheimnißvolle Stille doch umgab
Die Würde und die Wichtigkeit des Thuns,
Die sich in aller Helfer Mienen zeigte.
Prälaten gingen flüsternd ein und aus,
Rath ward gehalten bei verschlossnen Thüren,
Schriftstücke wurden hin und her getragen,
Und Priester, Mönche, Sakristane pflegten
In dienstbeflißnem Eifer ihres Amtes;
Trabanten hielten Wache, Boten ritten
Und trugen Brief und Siegel in die Ferne.
Tannhäuser sah, hier ward das Garn gesponnen
Zu jenem Netze, das die Welt umstrickte,
Und fühlte fröstelnd selbst sich drin gefangen.
Er wartete in zitternder Erregung,
Daß man zum heil'gen Vater ihn beschied,

Der in der reich geschmückten Hauskapelle
Der hohen Päpste ihn empfangen wollte.
Und endlich war's so weit; man winkte ihm,
Daß er in Demuth sich darauf bereite.
Die heil'ge Treppe, deren Marmorstufen
Nie eines Menschen Fuß betreten darf,
Weil Christus sie auf seinem Todesgange
Herniederstieg, die aus Jerusalem
Von des Pilatus Haus nach Rom gebracht war,
Erklomm der Büßende auf seinen Knieen
Auf jeder Stufe ein Gebet verrichtend,
Bis daß er endlich oben die Kapelle
Sancta Sanctorum ehrfurchtsvoll betrat.
Da standen nun zwei Männer vor einander,
Wie selten sie im Leben sich begegnen.
Der Ein' im weichen priesterlichen Kleide,
In dem von Jugend er gemächlich übte
Des Friedens Sanftmuth und des Geistes Schärfe,
Doch jetzt geschmückt mit höchsten Amtes Zeichen;
Der Andre mit den kampfgestählten Gliedern
Im groben Pilgerrocke statt im Panzer.
Der Ein' ein kluger, unumschränkter Herrscher,
Dem sich die Gläubigen der Erde beugten,
Der Andre habelos auf nichts gestellt,
Als auf sein Schwert gestützt und seinen Ruhm,
Den er sich selbst und keinem Andern dankte.
Doch beide stolz und reich an hohen Gaben,
Die Zierde und das Staunen ihrer Tage.
Mit seinem Adlerblick ihn schier durchbohrend
Erkannte schnell der Papst, in diesem Pilger,
Der hoch und heldenhaft mit solchen Augen
Im edlen, bleichen Antlitz vor ihm stand,
Trat ihm kein armer Sünder bloß entgegen,
Der sich um einen Mord verklagen wollte.

Und er begann: „Du hast darauf bestanden,
Nur mir allein die Schuld zu offenbaren,
Die Dich nach Rom trieb und so schwer bedrückt,
Daß Du sie keinem andern Diener Gottes
Vertrauen magst, als seinem Stellvertreter.
Ich habe Deinem Drängen nachgegeben,
Du stehst hier wie vor Gott; nun rede, Fremdling!"
Sodann im Namen der Dreieinigkeit
Des Kreuzes Zeichen vor dem Andern machend
Ließ er in einem offnen Faltestuhle
Mit reichen Bronzelehnen sanft sich nieder.
   „Ein Ritter bin ich," hub der Pilger an
Indem er zu des Papstes Füßen kniete,
„Ein Ritter und ein Sänger, heil'ger Vater,
Tannhäuser nennt man mich in meinem Lande —"
„Tannhäuser bist Du!? o so kenn' ich Dich,
Des Hohenstaufen unbezwungnen Kämpfer
Und Walthers von der Vogelweide Freund!
Schon dies ist eine Schuld in meinen Augen;
Doch wenn Du sie bereust —," sprach Innocenz,
Tannhäuser aber schüttelte das Haupt:
„Und wär' sie noch so schwer in Deinen Augen,
Sie ist so leicht wie kaum ein Rosenblättchen,
Gewogen gegen das Gewicht der Alpen,
Vor der, die meine Seele niederbeugt.
Noch hat von keines Beichters bangen Lippen
Dein schaudernd Ohr so Schreckliches vernommen,
Als ich Dir jetzo zu bekennen habe,
Doch keiner lag auch mit so tiefer Reue
Zu Deinen Füßen, als Du mich hier siehst."
„Aus Dir spricht ein geängstigtes Gewissen,"
Entgegnete der Papst, „und dieser Eingang
Läßt mich das Ungewöhnlichste erwarten.
Dein Ruhm hat Deine Thaten weit verkündet,

Stets an das Größte haft Du Dich gewagt,
Bift vor dem Schlimmften nicht zurückgewichen,
Und unvergeffen ift Dir, wie vor Jahren,
Das rothe Kreuz auf Deinem Rittermantel,
Für unfern heil'gen Glauben Du geftritten.
Dein Leben blieb mir keineswegs verborgen;
Dem glänzendften der Ritter und der Sänger,
— Wenn auch bisher noch nicht des Papftes Freund —
Der Alles leichter, als fich felbft befiegt,
Geb' ich in dem, was menfchlich Irren heißt,
Gern einen guten Vorfprung fchon voraus.
Drum fei getroft! was auch Dich angefochten,
Schließ auf Dein Herz mit allen feinen Sünden
Und fage auch, was Dich dazu verlockte."
    „Ich war im Klofter Adamunt in Oeftreich
Ein Jahr lang als Novize, doch als Knappe
Ritt ich hinaus, die Minne aufzufuchen.
Ich fand fie auch bei manchem holden Weibe
Und habe ihre Freuden froh genoffen,
Wie man vom Strauche fich die Rofen pflückt,
Die Einem frifch und voll entgegen duften.
Und dennoch hatte ich nicht Ruh und Frieden.
Ich bin ein Kind des Glückes und der Liebe,
Das wohl den Vater, nicht die Mutter kannte;
Kein Halt und Habe nannte ich mein eigen,
Als was Natur mir auf den Weg gegeben,
Doch das Verlangen und die Gluth der Sinne,
Die meinen Urfprung im Geheim verfchuldet,
Die waren mir als Erbtheil zugefallen.
So trug ich in der Bruft ein heißes Herz
Voll Ungeftüm und ftarker Leidenfchaft,
Und das begehrte mehr in feinem Drange,
Als Sterblichen gewährt wird und vergonnen.
Die Liebe war's, die dauernd, unvergänglich

Mein Denken füllen, meine Kraft erschöpfen,
Mein ganzes Dasein überströmen sollte.
Das Höchste war sie mir, das Herrlichste,
Was eines Menschen Geist nur ahnend faßt,
Das Süßeste und das Berauschendste,
Was eines Menschen Brust nur bergen kann,
Weit wie die Welt mit allen Himmelskörpern,
Nur reicher noch an Glanz; ach! meine Sehnsucht
Nach eines Weibes schrankenloser Liebe,
Wie ich sie wollte, war so riesengroß —
Es war mir mehr als Seligkeit auf Erden!
Doch nicht wie die Millionen neben mir,
Die auch in ihrer Gunst sich glücklich schätzen,
Wollt' ich mich ihrer freuen, nein! ich wollte
Ganz anders sie besitzen und verstehen;
Ich wollte hinter jenen Vorhang blicken,
Den undurchdringlich die Natur gewoben,
Jenseits der Grenzen dieser Sinnlichkeit
Wollt' ich, mit ihrem Scheine nicht zufrieden,
Nachspürend in der Liebe Wesen dringen
Und so mich in ihr Innerstes versenken,
Daß des Genusses Ueberschwänglichkeit
Sich mit des Geistes Willen und Erkenntniß
Zu einer Fluth vollkommener Gefühle
Der höchsten Freiheit, reinsten Schönheit mischte.
Das schien die wahre Seele mir der Liebe,
Die suchte ich im Weibe und in mir.
Ich hab' im Leben vieler Frauen Herzen
Auf solcher Liebe Fähigkeit geprüft
Und bin der Fährten heimlichsten gefolgt,
Ihr Denken und ihr Fühlen zu erlauschen.
Doch ach! es war ein müßig Unterfangen;
Denn leichter dräng' ich wohl in nächt'ger Tiefe
Hellsehend bis zum Mittelpunkt der Erde

Und fände mich zurecht in dem Gewirre
Des tausendfach verschlungnen Adernnetzes
Der Urgesteine und der Wasserquellen,
Als sich ein Frauenherz ergründen läßt.
Das aber weiß ich, denn ich hab's erfahren
In ihren Armen: Liebessehnsucht wohnt
Auch in des Weibes lustgeschaffnem Busen.
Warum nun, frag' ich, hüllen sie sich ein
In das Geheimniß ihrer Liebeshuld?
Warum wird Hingebung von ihnen selbst
So heiß gewünscht und doch so kalt geweigert?
Sind Alle Heuchlerinnen denn und meinen,.
Mit der Versagung auferlegtem Zwang
Des Reizes Sinnenzauber zu verstärken?
Wie? oder sind sie gar so schwach und scheu,
Daß sie nicht Muth noch Kraft genug besitzen,
Die schrankenfreie Seligkeit der Liebe
Dem Mann zu bieten und von ihm zu fordern? —
So, heil'ger Vater, hab' ich oft gefragt,
Doch eine Antwort hab' ich nie erhalten
Und nie erreicht, was ich so heiß ersehnte.
Da glaubt' ich, daß nur ich so hoher Liebe
Von allen Staubgebornen fähig wäre,
Und wünschte, daß ich einsam wie ein Gott
Nach meiner Wahl und Neigung ohne Fesseln
Die Lust des Irdischen genießen könnte,
Soweit geschaffne Wesen sie bereiten.
Ein Traum —" Tannhäuser stockte im Begriffe,
Das schwerere Geständniß zu vollbringen.
Jedoch der Papst nahm auf das letzte Wort
Und sprach: „Ein Traum, ja wohl! ein Traum, ein Wahn,
Thöricht und sträflich, wider Gottes Ordnung,
Dem abzutrotzen oder abzulisten,
Was er in seiner Weisheit uns verhüllte,

Des Menschen blöder Sinn umsonst versucht.
Wie schlecht hast Du Dein stürmisch Herz bewahrt
Vor falscher Lockung, zügellosen Wünschen!
Von üppiger Begehrlichkeit gestachelt
War Dein wollüstiger Erkenntnißdrang,
Mit dem Du selbst Dich um Dein Glück betrogen.
Verachtest Du die sittig holde Scham,
Die aller Frauen Würde, Schmuck und Schutz?
Und ahnst Du gar nicht, daß in dem Geheimniß
Der Reize süßester sich keusch verbirgt,
Der, wenn verstanden, auch entflohen wäre?
Doch schwerer als solch traurige Verblendung
Wiegt jener andre frech vermeßne Wunsch,
Einsam und gleichenlos wie Gott zu sein,
Die Mitgeschöpfe hoch zu überfliegen
Und sie in eitler Selbstsucht der Begierde
Als Beute ungestraft und unersättlich
Genießen wollen ohne selbst zu leiden.
Sündhaft und lästerlich war der Gedanke
Und all Dein Trachten ewig unerreichbar."
„Nicht Alles, heil'ger Vater!" sprach Tannhäuser,
„Das Glück ging nahebei an mir vorüber,
Daß ich schon seinen sanften Hauch verspürte.
Die Liebe zog nun doch in meine Brust
So tief, wie ich es vorher nie erfahren,
Und die ich liebte, glaubte ich geschaffen
Zu meines Herzens Wunsch und Götzenbild;
Was ich geträumt, gehofft, gefordert hatte,
Erfüllbar sah ich's und mich selbst am Ziele.
Mein eignes Ungestüm zerriß den Faden,
Der uns so nah, so nahe schon verknüpfte;
Zurückgestoßen von der Heißgeliebten,
Fiel ich in Nacht und rasende Verzweiflung,
Und das Verhängniß mußte sich erfüllen.

Ein Traum, der meine Mutter in der Nacht,
Da ich geboren ward, umgaukelt hatte,
Betrog mich, denn auf ihn baut' ich mein Schicksal. —
O, heil'ger Vater! wende ab Dein Antlitz!
Es ist so schwer, so fürchterlich zu sagen,
Ich kann Dir dabei nicht ins Auge sehen! —
Nun stand es unverrückbar in mir fest:
Nie fand ich, was ich suchte und begehrte,
Und weil ich es nicht fand im Licht der Sonne,
So sucht' ich's da, wo mir's verheißen war,
Ich sucht' es — sucht' es — in der Hölle Grund!
Zur Teuflin Venus in den Hörselberg,
Ging ich hinein, sie hab' ich angebetet
Und Gott den Herrn verleugnet und verflucht."
Der Papst fuhr jäh zurück sich schnell bekreuzend,
"Unseliger! zur Venus in den Berg?!
Unmöglich ist es ja, Du träumst, Du rasest!"
Tannhäuser barg sein Angesicht in Händen,
Und Thränen netzten die gebräunten Wangen.
"O ungeheure, grause Missethat,
Von eines Menschen Sinnen kaum zu fassen!
Doch weiter! weiter! rede, was geschah?
Was sahst Du in des Hörselberges Tiefe?"
"Erlaß mir's, heil'ger Vater!" bat Tannhäuser,
"Denn die Erinnrung treibt mich in den Wahnsinn."
    "Und wenn's Dich triebe! was liegt noch an Dir?!
Wahnsinn ist nichts, ist wie des Windes Hauch,
Der über eine welke Blume streicht,
Vor der endlosen Qual, die Deiner wartet.
Ich will es wissen, Alles, was geschehen,
Du darfst mir nichts verhüllen und verschweigen."
"Das Schlimmste ist gesagt, so sei's auch dies!"
Kam's bebend von des Pilgers bleichen Lippen,
Sein Athem keuchte, seine Augen rollten,

Als säh' er's vor sich aus dem Boden steigen,
Was er bekennen und beschreiben sollte,
Und mühsam sich bezwingend bracht' er's vor:
  „Durch eine finstre Höhle an den Ort
Kam ich hinab und rief das Wort,
Den Zauberspruch; das Dunkel schwand,
Und vor mir that sich auf die Wand.
Ich schritt hindurch; der Weg war weit,
Mir war, als hätte Raum und Zeit
Hier für mich aufgehört zu sein,
Als taucht' ich in das Nichts hinein.
Ich sah den Pfad nicht, den ich schritt,
Es war, als ob ich schwebend glitt
Immer tiefer und tiefer in öden Bauen;
Nur Zwielicht war und Nebelgrauen,
Doch wolkenlos wie leere Luft
In eines Weltalls hohler Gruft.
Endlich ein Halt! Es trat hervor,
Körperlich, deutlich stieg es empor
Ein Irgendetwas, — ein großes Schloß
In des Berges unterstem Felsengeschoß.
Mauern und Bögen von schwarzen Quadern,
Glitzernd durchwachsen von silbernen Adern,
Grotten und Gänge, Treppen und Hallen
Schimmernd erleuchtet von rothen Krystallen.
Sonst aber furchtbare Einsamkeit,
Nichts Lebendiges weit und breit.
Schaurige Dämmerung, schreckliche Leere,
Nichts Festes, worauf das Auge ruht,
Als in uferlosem Schattenmeere
Das ragende Schloß und die rothe Gluth.
Todesschweigen — kein Laut verband
Sich dem lauschenden Ohre,
Wenige Stufen hinauf, und ich stand

16*

Vor dem weit offenen Thore.
Aber alsbald beim ersten Schritt
Ueber die Schwelle erdröhnte mein Tritt,
Und es brach mit tosendem Schalle
Wie aus Felsen geschüttelt hervor,
Bis sich's mit rollendem Widerhalle
In unergründlicher Ferne verlor.
Dann wieder Stille; ein innerlich Grauen
Faßte mich an; was wirst du schauen?
Doch ich zog nicht zurück den Fuß
Vor der Tiefe donnerndem Gruß,
Endlich erobert mit trotzigem Muth
Hatt' ich das Land, wo die Minne ruht.
Ich stieg die Treppe im Schloß hinan,
Sphinxe schauten mich fragend an,
Die lagen dort, aber nicht von Stein,
Sie schienen wahrhaft lebendig zu sein,
Doch regungslos, jede ein üppiges Weib
Mit Löwentatzen und Löwenleib.
Und weiter schritt ich durch Saal und Gemach,
Da hingen Ampeln von Decke und Dach,
Die Wände Perlmutter belegte,
Drauf flimmert' es, flackert' es, tropfenbethaut,
Wie schuppiger Nattern buntschillernde Haut,
Als wenn es sich ringelnd bewegte.
Und überall war eine funkelnde Pracht,
Von Zwergen geschmiedet, von Geistern erdacht,
An Gold und Edelgesteine;
Da standen Säulen mit ehernem Fries,
Von Marmor glänzte der hohe Karnies
Und Hausrath mit blinkendem Scheine,
Geschirr und Gefäße silberblank
Mit strotzenden Früchten und würziger Trank
In Kannen und güldnen Pokalen.

Da wob sich von gleißenden Blüthen ein Grund
Auf weiter Gestelle gefälligem Rund
Und in köstlich geschliffenen Schalen.
Doch das war nicht irdischer Blumen Blühn,
Rosen, Narcissen, Violen
Hatten ein seltsam Farbenglühn
Tief in den Kelchen verstohlen,
Hatten kein unschuldig Blumengesicht,
Wie mit verliebten Augen
Blickten sie um sich, das zitternde Licht
Lüstern begehrlich zu saugen.
Schmeichelnd strömte ihr Duft auf mich ein,
Füllte mich ganz mit Verlangen,
Goß mir Wollust in Mark und Gebein,
Trieb mir das Blut in die Wangen.
Aber wo war sie, um die ich nur
War in die Tiefe gekommen?
Denn noch hatte ich keine Spur
Von ihrem Dasein vernommen.
„Venus!" rief ich in das Schweigen hinein,
„Laß mich in Freuden Dich finden,
Ewig will ich Dein eigen sein,
Kannst Du mit Minne mich binden!"
Und horch! es umschwirrte mich Elfengesang,
Als ob er aus alle den Blumen erklang,
Ein süßer, bestrickender Reigen,
Und über mir schwangen wie Schmetterlingstanz
Sich Rosen in offen beweglichem Kranz,
Vorschwebend den Weg mir zu zeigen.
Ich folgte den lieblichen Gauklern der Luft,
Dem zaubrischen Spiel und dem fächelnden Duft
Und den lockenden, leitenden Tönen.
So führten sie mich in entlegenen Raum,
Nur spärlich erhellt, es konnte sich kaum

Der Blick an die Dämmrung gewöhnen.
Vor einer Nische in spiegelnder Wand
Geheimnißverhüllend ein Vorhang sich fand,
Zu bauschigen Falten geweitet.
Dem strebten die leuchtenden Rosen zu
Und sanken da nieder und lagen in Ruh,
Zum lustigen Teppich gebreitet.
Ich stand mit klopfendem Herzen davor,
Sollt' ich es öffnen, das winkende Thor?
Doch wie ich zum Vorhang gewendet,
Entschlossen die zitternde Hand erhob,
Er rauschend vor mir auseinander stob —
In Schrecken stand ich, geblendet!
— O heiliger Vater, Du saheſt sie nicht!
Geh mit dem Sünder ins Gericht,
Ich bin ein Mensch und die Schuld ist mein,
Mag Gott der Allmächt'ge mir gnädig sein!
Das aber war stärker, als Menschenmacht;
Was ich gefühlt, was ich gedacht,
Ich weiß es nicht mehr, ein bebender Schrei
Rang sich mir aus dem Busen frei.
Da ruhte das unvergleichliche Weib
Auf purpurnem Lager in Wonnen,
Ruhte mit dem entzückendsten Leib,
Den Himmel und Hölle ersonnen.
Kein Schleier hüllte die Herrliche ein,
Von rosigem Glanze umfluthet
Lag sie wie gemeißelt aus Elfenbein,
Von Liebesverlangen durchgluthet.
Sie war sich in siegender Schönheit bewußt
Des Weibes durchschauernder Süße
Und athmete mit der schwellenden Bruſt
Mir wallende, sehnende Grüße.
Und wie sie lächelnd mit rothem Mund,

Mit Augen, mit ihren Augen — —
Ach! ich will in der Hölle Grund
An diesem Blicke noch saugen!" —

Tannhäuser war im Eifer aufgesprungen
Mit heißen Wangen und von Kopf zu Füßen
In allen Fugen seines Baues zitternd.
Doch wie der mähnenschüttelnde gereizte Löwe
Von seinem Bändiger bewältigt wird,
So beugte vor dem furchtbar ernsten Blicke
Des großen Papstes sich der Gluthentflammte.
„Du sankst ihr in die Arme — ?" — — „Ja! ich that es! —
Ich habe geruht in der Göttin Arm
Umschlingend sie und umschlungen,
An ihrem Körper, weiß und warm,
Von minnigen Freuden bezwungen.
Ich habe ihren Athem gefühlt
Und der schmiegsamen Glieder Schwellen,
In ihren Locken hab' ich gewühlt
Wie in weichen, zerfließenden Wellen.
Ich küßte und küßte ihr Wangen und Mund,
Die Stirn, die geschwungenen Brauen,
An ihrer Reize bestrickendem Bund
Wußt' ich nicht satt mich zu schauen.
Und als wir uns müde geherzt und gehegt
Mit Küssen und Kosen und beide
In seligem Rausche der Ruhe gepflegt
Auf dem üppigen Lager von Seide,
Da — laß mich besinnen, was nun geschah,
Es liegt mir so fern und dünkt mich so nah' —
Da tönte Musik, doch wußt' ich nicht wo,
Sie weckte und rief und lud uns so froh
Zum laulich erfrischenden Bade.
Es öffnete selbst sich verborgene Thür

Zur Rechten, zur Linken, wir schritten hinfür
Zum spiegelnden Marmorgestade,
Und wieder vereinigt im schimmernden Saal
Sind wir zum fröhlich erquickenden Mahl
In festlichem Schmucke erschienen.
Und dann —? dann ward es lebendig im Schloß,
Es nahte von Zwergen ein wimmelnder Troß,
Behende bei Tafel zu dienen.
Von Nymphen und Gnomen nun gab es Gedrang,
Und Jauchzen und Jubel und Lachen erklang
Bei Bechern und Blumen in Fülle,
Es schwebten in spielend geschmeidigem Tanz
Liebreizende Mädchen, der Jugend Glanz
In luftig gewobener Hülle.
Und wilder und wilder wogte der Schwarm,
Hier wurde getollt und gesprungen,
Dort hielt manch kecker, verwegener Arm
Manch blendenden Nacken umschlungen.
Es tobte die Lust in Frau Venus Haus,
Als gält' es die Welt zu vergäuden,
Man schäumte in offenem Saus und Braus
Und schwelgte in heimlichen Freuden.

Da winkte die Falsche, ich folgte ihr nach
In ihr verschwiegenes Minnegemach
Zu neuem verstohlenen Glücke,
Nicht ahnend die teuflische Tücke.
Ich saß vor ihr auf der Tigerhaut,
Von ihren Lippen kam kein Laut,
Sie ruhte lässig und lauschte und sann,
Als ob sie tiefe Gedanken spann.
Sie stützte den runden Arm ins Genick,
Aus ihren Augen mit lauerndem Blick
Drang unheimlich wechselnd Gefunkel,

Bald grünlich leuchtend, bald dunkel.
Bald blinzelnd unter den Wimpern versteckt
Hat mich ihr schmelzender Blick geneckt,
Bald eisig wie Nord und falsch wie Gift,
Wie eines Dolches Spitze trifft.
Mich überlief es heiß und kalt
Vor dieser zwingenden Augen Gewalt.
Dann nickte sie wieder so minniglich hold,
Und alle Reize in ihrem Sold
Ließ sie, mein Herz zu gewinnen,
Spielen vor meinen Sinnen.
Verführerisch glänzte die schöne Schlange,
Dehnte und wand sich zum listigen Fange,
Regte und reckte zum leisen Umschlingen
Lilien und Rosen in gleißenden Ringen.
Jede Bewegung von Kopf zu Fuß
War wie ein schmachtender Sehnsuchtsgruß,
Liebäugelnd lächelnd sah sie mich an:
Hast Du nicht Augen, glückseliger Mann?

Und plötzlich trug sie — ich sah es genau —
Die Züge von der geliebtesten Frau,
Die mir das Glück auf Erden hieß,
Und die ich allein um sie verließ!
Sie schaute erröthend und süß verwirrt
Wie Alles gewährend, um was ich gegirrt,
Dann wieder mit einer verzehrenden Gluth,
Daß mich umzüngelte feurige Fluth,
Davon ich durchrieselt ward, durchrollt, —
Bis sie mich hatte, wo sie gewollt!
Bis ich von ihren Künsten besiegt
Endlich lag ihr zu Füßen geschmiegt,
Daß ich mit Händen ihr Knie umschlang
Und mir der Ruf aus dem Herzen drang:

„Venus! vom Himmel sag' ich mich los
Und von Weibesliebe auf Erden,
Nur ruhend in Deinem blühenden Schoß
Will einzig ich selig werden.
Den Göttern da oben, Vater und Sohn
Und dem Geist will den Rücken ich kehren,
Wenn Du hier unten der Minne Lohn
Mir giebst nach meinem Begehren.
Ich fluche der Jungfrau mit Engelsleib,
Der Satan mag um sie werben,
In Deinen Armen, unsterbliches Weib,
Soll meine Seele verderben.
Venus! o Venus! Dich bete ich an,
Allmächtigste aller Frauen!
Laß mich in Ewigkeit fortan
Dir in die Augen schauen,
Laß endlos in unsäglicher Lust
Deines Mundes Küsse mich trinken,
Laß schwelgend an Deiner wogenden Brust
Mich trunken von Wonnen versinken,
Und schwöre mir strahlenden Angesichts,
Daß Du mich zum Gesellen erlesen,
Tannhäusers Liebe gleichet nichts,
So liebt kein sterbliches Wesen!"
Da schnellte die Schlange vom Lager empor,
Es schossen, wie sie nun schaute,
Aus ihren Augen Blitze hervor,
Daß mir vor der Schrecklichen graute.
„Du mein Gesell der Unsterblichkeit?
Zu elend, als daß ich in Ewigkeit
Nach Deinem Gewinsel was früge!
Du drangst zu mir, ich rief Dich nicht,
Was willst Du vor meinem Angesicht?
Du findest doch nimmer Genüge.

Weß Du Dich vermessen für Dich allein,
Hat jeder Wurm mit Dir gemein
In niedrig gebornen Gefühlen;
Ihr seid geschaffen mit schwindender Kraft,
Daß euch zeitlebens voll Leidenschaft
Begierden und Schmerzen durchwühlen.
Und weißt denn Du, was Wonnen sind?
Die höchste kommt und geht geschwind —
Süß wie der Tod!
Wenn Dich des Lebens letzter Hauch
Durchzuckt und in ein Wölkchen Rauch
Die Flamme verweht, die in Dir gebrannt,
Dann weißt Du es, wie nah verwandt
Der Liebe und des Todes Wonnen,
Die kaum gefühlt ach! schon verronnen —
Genug! für Dich ist's schon zu viel,
Verloren bist Du, verloren Dein Spiel,
Verdammt und um den Himmel gebracht,
Verfallen bist Du der Hölle Macht, —
Auf Wiedersehn in ihrer Nacht!" . . .

Fort war sie, und in betäubendem Chor
Brach höhnisches, höllisches Lachen hervor,
Es schmetterte, wieherte, gellte;
Und Zwerge und Nymphen in wirbelnder Hast
Es dröhnte und klirrte der ganze Palast,
Als ob er zu Scherben zerschellte.
Es bebte der Berg wie von Stoßes Gewalt,
Der Boden zerriß, breit klaffte ein Spalt,
Und hochauf schlugen die Flammen,
Von Blitzen durchzuckt, von Donner umkracht,
Vor meinen Augen ward es Nacht,
Bewußtlos sank ich zusammen. —

Als ich wieder zu meinen Sinnen kam
Mit fiebernden Pulsen, an Gliedern lahm,
Wußt' ich mich kaum zu faſſen.
Ich lag bei des dämmernden Tages Schein
Verſtört in der Höhle feuchtem Geſtein,
Von Gott und Menſchen verlaſſen."

Tannhäuſer ſchwieg erſchöpft, in ſich gebrochen;
Zu Ende war die ſündenſchwere Beichte,
Und eine fürchterliche Stille ſchwebte.
Mit finſtrer Stirne, feſt geſchloſſnen Lippen,
Die mächtige Erregung niederkämpfend,
Die bei der Schilderung auch ihn ergriffen,
Erhob ſich Innocenz von ſeinem Stuhle,
Und ſtand nun drohend wie des Himmels Rächer
Vor dem, der reuig ihm zu Füßen kniete.
Tannhäuſer fühlte es, und einen Blick
Unſicher, ſcheu zu ſeinem Richter wagend,
Mußt' er erſchreckt die Wimper wieder ſenken
Und flüſterte mit Bangen: „Heil'ger Vater,
Ich bitte Dich in meiner Noth und Drangſal
Um Gnade und Vergebung meiner Sünden!"
„Nein! keine Gnade!" donnerte der Papſt,
„Nicht hier, nicht dort in alle Ewigkeit!"
    „Du warſt mein Troſt und meine letzte Hoffnung,
Verhänge über mich die ſchwerſte Buße, —"
    „Hinweg! laß mich! ich kann Dich nicht erlöſen!
Pact mit dem Teufel, Buhlſchaft mit der Hölle
Macht keine Buße wett!" rief Innocenz.
Tannhäuſer aber flehte: „Heil'ger Vater!
Laß mich an Gottes Gnade nicht verzweifeln!
Du kannſt mich retten; wenn Du für mich bitteſt,
Wird mir vergeben, und ein Wunder öffnet —"

„Nein! nein! um Deinetwill'n geschieht kein Wunder,
Und kein Gebet für Dich dringt in den Himmel.
Sieh diesen Stab von einem Dornenstrauche;
So wahr und so gewißlich dieser Stecken
Nie wieder Blätter oder Blüthen treibt,
So wahr bleibst Du verdammt in Ewigkeit!"
Und aufs Gewaltigste erschüttert eilte
Der Papst wie eines Pesthauchs Nähe fliehend
Durch eine Seitenthür aus der Kapelle
Und ließ den Ringenden im Staube liegen. — —

Des Grabes Schweigen herrschte in der Runde,
Und matte Dämmrung schmiegte sich umher
An den Gewölben und den schlanken Säulen,
Als lauschte Alles noch in Schreck und Scheu.
Da brach durchs Fenster in der hohen Wandung
Ein Sonnenstrahl gleich einem goldnen Balken
Und fiel gerade auf des Sünders Haupt,
Das regungslos auf Marmorplatten ruhte.
Tannhäuser fühlte bald die milde Wärme,
Als ob ihn leise eine Hand berührte:
Steh auf! geh hin! die Sonne scheint auch Dir!
Er wandte sich und blickte auf zur Kuppel, —
Da funkelte ein köstliches Musiv
In hellem Glanz, der jetzt den Raum erfüllte;
Die heil'ge Jungfrau saß auf einem Throne
Und schaute freundlich ernst auf ihn hernieder,
Und Engelsköpfchen, dicht gedrängt, mit Flügeln
Umschwebten sie wie eine lichte Wolke
Und lächelten aus frommen Kinderaugen.
Tannhäuser sah's — und schüttelte das Haupt;

Kein warmer Sonnenstrahl, kein Blick von oben
Drang jetzt in seiner Seele düstre Nacht,
Sein Herz war hart geworden und verschlossen,
Die eine Stunde hatte ihn verwandelt.
Er sprang empor und wild die Faust erhebend
Zur Thür, durch die der Papst hinausgeschritten,
Rief er, daß vom Gewölb es widerhallte:
„Fluch mir! Fluch Dir und Deines Himmels Gnade!
Fluch Allem, was die Hoffnung lügt und trügt!
Ich werfe zwischen uns die Pforte zu!"
Und donnerkrachend fiel die erzne Thüre
In Wuth geschleudert hinter ihm ins Schloß.
Tannhäuser stürmte, sie mit Füßen tretend,
Die heil'ge Treppe Sprung auf Sprung hinunter,
Daß, die es sahen, wie versteinert standen,
Und floh hinaus — er wußte nicht wohin.

Unter Trümmern.

In den Ruinen auf dem Palatin
Verbrachte der Verstoßne manche Tage
Mit dumpfem Brüten, Nahrung kaum genießend.
Der Troß war abgekühlt in Nachtgedanken,
Und nach der Leidenschaft kam die Besinnung,
Die Gottesfurcht und die Gewissensangst.
Doch wenn er seiner Beichte wieder dachte
Und jener Stunden Qual im Lateran,
Dann wie ein Brandmal fühlte er die Schmach,
Die er, der Ritter, dort erdulden mußte,
Und daß er sich umsonst erniedrigt hatte;
Hätt' er's gewußt — so sagte er sich jetzt —
Nie hätt' er vor dem Papste sich gebeugt.
Inmitten großer Trümmer saß er einsam,
Und die verstreuten still betrachtend sprach er:
„Bin auch nur noch ein Bruchstück meiner selbst,
So ein zerstörter und verfallner Tempel,
Kaum daß die Weiheschrift noch lesbar ist.
Da liegen Stolz und Muth wie diese Giebel,
An denen hohe Götterbilder prangten;

Da liegt die Kraft zerschmettert und zerbrochen
Wie diese Säulen, die zum Himmel strebten;
Nahbei verwittert meines Sanges Kunst,
Und jene Nesseln überwuchern dort
Der Liebe umgestürzten Opferaltar.
Was wäre wohl die Inschrift meines Lebens?
Der Minne Sang und Sehnen!? ach! den Spruch
Auf meines Schildes Rand, den löscht' ich aus,
Der liegt begraben in des Rheines Fluthen.
Die Inschrift oder Grabschrift könnte lauten:
Er war nicht mit der Wirklichkeit zufrieden
Und glaubte mit der Lust die Kraft zu haben,
Die Welt nach seinen Wünschen sich zu schaffen;
In Sang und Sehnen wollt' er sie verklären,
Die Minne sucht' er mit zu hohem Meinen,
Und in des Herzens und der Sinne Gier,
Unfaßliche Gefühle zu ergründen,
Griff er im Staube fußend nach den Sternen."

Doch mit den Tagen wechselte die Stimmung,
Tannhäusers Schmerz fand Ruhe in Ergebung
Und löste sich in milde Wehmuth auf.
Nur wenn er hoffnungslos der Zukunft dachte,
Ergriff ihn wieder seines Elends Jammer
Und trieb ihn aufgescheucht straßauf, straßab.
Und seltsam! wenn er ziellos Rom durchirrte,
Verfolgt von düstern Ahnungen und Träumen,
So brachten unwillkürlich seine Schritte
Ihn immer wieder an den Lateran.
Nicht daß er hier noch irgend etwas suchte,
Daß er dem Papste hier begegnen mochte,
O nein! er schalt sich selbst und war erschrocken,
So oft er auf dem Abweg sich ertappte;
Und dennoch zog ihn eine fremde Macht

Unwiderstehlich und unwissentlich
An diesen Ort, dem er voll Haß entflohen,
So wie's den Mörder, sagt man, immer wieder
An seines Mordes grause Stelle treibt.
Einst fand er wieder sich vor dem Palaste
Und kehrte mit sich selber zürnend um
Und kam, auf seinen Weg nicht weiter achtend,
Zur nahen Aqua Claudia, die von hier
Sich meilenweit ins flache Land erstreckt.
Da glich wohl einem Garten die Umgebung,
Doch ohne Pflege, zur Natur verwildert.
Der Frühling aber blühte allerwegen,
Die Bäum' und Sträucher hatten frisches Laub,
Und tausend Blumen dufteten im Grase;
Bis in die Wipfel hoher Eichen rankten
Sich Rosen, die in voller Blüthe standen,
Und Böglein flatterten von Ast zu Ast.
Der Wasserleitung breite Bögen waren
Rundum so dicht von Eppich übersponnen,
Daß vom Gemäuer nichts mehr sichtbar blieb,
Und durch die Wölbungen und Blätter schaute
Italiens klarer, dunkelblauer Himmel;
Im Tiefland lag die sonnige Campagna,
Und fernher glänzten die Sabinerberge.
Der Trauervolle hatte keinen Sinn
Für all das Blühen um ihn her, allein
Der Frühling drängte sich an ihn heran,
Lag ihm mit leisem Flüstern in den Ohren
Und haucht' ihm Trost und Hoffnung in die Seele.
Tannhäuser wachte auf aus seinem Grübeln,
Sah seinen alten, ewig jungen Freund,
Den Frühling neben sich und schaut' ihn an
Von rechts und links, auf seine Rosenwangen,
Sein grünes Kleid und in die Veilchenaugen.

Und tief aufathmend sprach er zu sich selber:
„Verjüngt sich doch die Erde jedes Jahr,
Kann es der Mensch denn nicht, wenn er es will?
Viel, viel liegt hinter mir, und vor mir harret,
Wer weiß wie fern, wer weiß vielleicht wie nahe,
Das Schrecklichste, das Grausenvollste meiner,
Was Menschenherzen zittern machen kann,
Die Ewigkeit des rettungslos Verdammten.
Mit jedem Schritte geh' ich ihr entgegen
Und muß ins Unabwendliche mich fügen,
Allein die Furcht vor jenem dunkeln Jenseits
Soll mir die Lust am Diesseits nicht vergällen.
Gott der Allwissende sieht meine Reue,
Und kein Gefühl ist bitter über diesem;
Was aber Arges auch ein Mensch gethan,
Und was er Unerhörtes auch erduldet,
Nie kann es doch sein Dasein ganz zerbrechen,
Der Muthige ist stärker als sein Schicksal.
Find' ich vor Gott und Menschen keine Gnade,
Bin ich verlassen denn und ausgestoßen,
Freundlos und habelos, so bin ich doch
Noch nicht so tödtlich in die Brust getroffen,
Daß ich nicht tapfer weiter leben könnte,
Bis ich hinab muß an den Ort der Qualen.
Es giebt noch Arbeit für ein gutes Schwert
In König Philipps heißem Vordertreffen,
Er nimmt mich auf, ich kenne seine Huld.
Und bläst das Heerhorn Waffenruh und Frieden,
So weiß ich noch ein Andres zu vollbringen,
Wozu im Herzen das Gelüst sich regt.
Du Geist des alten Roms, der mich umweht,
Der hier aus grauen Steinen zu mir redet,
Marmor und Rosen überall mir zeigt,
Du lehre mich, die höchste Kraft zu brauchen,

Zu schaffen und zu bauen, was im Sturme
Auch nach Jahrtausenden noch aufrecht steht!" —
So sprach der Sänger und versank in Sinnen
Und wußte nicht, wie lang' er so gesessen,
Als schon das Abendroth die Berge glühte.
Mit einem Mal im dämmernden Gebüsche
Hub eine Nachtigall ihr schmelzend Lied.
Tannhäuser horchte, lauschte ihrem Sange,
Und wärmer, weicher ward es ihm ums Herz;
So sang sie auch in seinem Vaterlande
Daheim im grünen Walde an der Donau,
Wo er so manches Mal auf sie gehört
Mit — ach! mit einem holden, lieben Mädchen.
In seinem ritterlichen Wanderleben
Hatt' er des braunen Vögleins nicht geachtet;
Jetzt sang's zu ihm, als spräch' es seine Sprache
Und riefe ihm der Heimat Grüße zu,
Die er verloren und vergessen hatte.
Ihm ward zu Muthe, als wenn aus den Büschen
Dort seine Jugend wieder vor ihn träte
Und schaut' ihn an und lächelte und winkte;
Da in das Herz flog ihm ein süßes Weh
Und setzte sich drin fest, nahm Rast und Ruhe
Und gab ihm dafür Unruh und Verlangen,
Bis daß er aufsprang und in Sehnsucht rief:
„Dank euch, ihr wunderbaren Frühlingsmächte,
Die ihr an trautem Band mich aufgerichtet!
Ich folge euch, ich will die Schritte wenden
Und meine liebe Heimat wiedersehn!"

17*

XV.

Auf Burg Kürenberg.

———

Ein Maitag war's, doch trüb und rauh,
Ein feuchter Wind durchfuhr den Gau,
Die Donau wälzte ihre Wogen,
Von Dunst und Nebel überzogen.
Da trat zum Burgherrn ins Gemach
Auf Kürenberg ein Knecht und sprach:
„Ein Pilger, Herr, ist eingekehrt,
Der selber Euch zu sehn begehrt.“

„Sag ihm, ich ließe mich nicht sehen,
Macht ihn gut satt mit Speis' und Trank,
Dann heißt ihn, seiner Wege gehen,
Und spart mir seinen Bettlerdank.“

„Ja, Herr, den kriegen wir nicht fort,
Zum Betteln scheint er nicht gekommen,
Sein Blick ist seltsam und sein Wort
Klingt wie Befehl dem, der's vernommen.“

„Sein Name?“ — „Will er uns nicht sagen,
Euch kennt er, und man sieht's ihm an,
Er muß ein schwer Geheimniß tragen
Für Euch allein.“ — „Bring her den Mann!“

Bald stehn sich gegenüber beide
Und schau'n sich forschend ins Gesicht,
Zum Bärtigen im Pilgerkleide
Der Burgherr spricht: „Ich kenn' Euch nicht."
      „Doch, mein Erwin! ist auch verstrichen
Manch Jahr seit jenes Tages Schein,
Da beide heimlich wir entwichen,
Den König Richard zu befrei'n."
      „Heinz! o mein Heinz! Dich hab' ich wieder?
Sei mir willkommen tausendmal,
Freund meiner Jugend, Held der Lieder
Und aller Frauen Sonnenstrahl!"
Sie hielten innig sich umschlungen,
Und dann brach los der Fragen Strom:
„Was hat Dich in den Rock gezwungen?
Wo kommst Du damit her?" — „Aus Rom!"
Sprach ernst Tannhäuser, „und verschweigen
Will ich Dir nichts, noch Schuld, noch Leid,
Der Rock hier ist mein einzig Eigen;
Erwin, — gieb mir ein ander Kleid!
Mich trieb's zurück am Pilgerstabe,
Der Heimat wieder nah zu sein,
Vergessend, daß ich keine habe,
Der Kürenberg war mir's allein."
      „War, Heinrich? war? ist's noch! ist's immer!
Komm, plündre meine Kleidertruh
Und wähle selber Dir ein Zimmer
Und Schwert und Pferd und bleib in Ruh!
Im Reich ist Friede, nichts zu streiten,
Nun gönne Dir und mir die Rast,
Du bist, bis wir mal wieder reiten,
Hier auf der Burg mehr, als ein Gast."
Wie sie sich da mit Augen maßen,
Da schallte freudig Hand in Hand,

Und als sie dann beim Trunke saßen,
Trug Heinrich ritterlich Gewand.
Und als sie sich in später Stunde
Erhoben, um zur Ruh zu gehn,
Da wußt' Erwin aus Heinrichs Munde
Schon Alles, Alles, was geschehn.

Tannhäuser fühlte sich so leicht,
Nachdem er sich dem Freund vertraute,
Der Trost und Zuspruch ihm gereicht,
Daß es wie Eises Rinde thaute
Von dem, was ihn so schwer beklommen.
Halb war die Last ihm nun genommen,
Fast froh gestimmt ließ er sich führen,
Wo man ihm sein Losier gemacht,
Und nahm der Treppen und der Thüren
Auf seinem nächt'gen Weg nicht Acht.
Ein Zimmer, freundlich und geräumig,
Umfing ihn bei der Leuchte Schein,
Doch nicht in langem Umschau'n säumig,
Schlief schnell der Wandermüde ein.
Früh weckte ihn der Sonne Flimmer,
Die klar und goldig sich erhob
Und überm Bett mit rothem Schimmer
Ein elfenbeinern Kreuz umwob.
Betroffen fuhr empor der Wache, —
Glänzt' es nicht grad' so an der Wand,
Als er in einem Burggemache
An jenem Abschiedsmorgen stand?
Dort jener Vorhang von Brunate —
Dort der gemalten Scheiben Gluth —
Er war in Irmgards Kemenate!
Er hatt' in Irmgards Bett geruht!
Jetzt kannt' er Alles, wie er spähte,

Die Balken, den Kamin von Stein,
Das Holzgetäfel, das Geräthe,
Den Eichentisch, den braunen Schrein.
Hier hatte sie gewohnt, gewaltet,
Hier war er manches Mal mit ihr,
Er sah es noch, wie sie geschaltet
An jedem Platze, dort und hier;
Er sah sie stehen, sah sie gehen
Mit ihrem schnellen, festen Gang,
Er spürte ihres Athems Wehen
Und hörte ihrer Stimme Klang.
Ihm war, als ob er auf sie warte:
Wo bleibst Du denn? kommst Du denn nicht?
Er lauschte, ob die Thür nicht knarrte,
Ob nicht ihr rosig Angesicht
Herein säh' und ihm schelmisch nickte
Und rief und lachte toll und wild, —
Hervor aus jedem Winkel blickte
Das blühend holde Mädchenbild.
Und weiter flogen die Gedanken
Dann von der Knosp' im Frühlingsthau
Zur vollen Rose hin und sanken
Zu Füßen der geliebten Frau.
Tannhäuser dachte jeder Stunde,
Auf Scharfenberg mit ihr verlebt,
Wie Aug' in Auge, Mund auf Munde
Sie zu einander da gestrebt.
So Irmgard nah und Irmgard ferne,
Ein doppelt Bild, ein einz'ger Klang,
Zwei schöne, goldne Lebenssterne,
Beim Aufgang und beim Niedergang.
Und er — auf ihrer Väter Schlosse,
In ihrem Wohnraum stand er hier,
Und Reue war sein Schlafgenosse,

Nur seine Schuld schied ihn von ihr.
„O leuchte mir, du Kreuz von Beine,“
Sprach er, „auf dem ihr Blick verweilt!
Von seinem schwächsten Wiederscheine
Wär' ich getröstet und geheilt.“
Er trat ans Fenster, blickte nieder
Auf Wald und Strom und Flur und Feld,
Ein Falke sonnte sein Gefieder,
„So wohl dir, du beschwingter Held!“
Da kam Erwin: „Ich muß doch sehen,
Wie Du geruht die erste Nacht;
Kannst Du denn Wetterfahnen drehen?
Du hast uns Sonnenschein gebracht.“
Tannhäuser mit beredtem Schweigen
Wies aufs Gemach; da sprach Erwin:
„Ja so! hast Recht! es war ihr eigen,
Willst Du ein anderes beziehn?
So angeordnet hat es gestern
Mein liebes Weib, die nicht gehört, —
Es ist von unsern stillen Nestern
Das traulichste, doch wenn Dich's stört —“
Da schüttelte der Stillbeglückte
Und reichte seinem Freund die Hand
Als wie zum Danke hin und drückte
Und lächelte, Erwin verstand.
Nun wollten sie hinunter schreiten
Zur Halle, und Tannhäuser frug:
Hast Du kein rohes Pferd zu reiten?
Wenn es nur wild und scheu genug!“
„Doch! einen Hengst hab' ich im Stalle,“
Versetzt' Erwin, „noch ungezähmt,
Er brachte Manchen schon zu Falle,
Sein Trotz macht alle Kunst beschämt.“
„O laß ihn satteln!“ bat der Ritter,

„Ich muß mich tummeln, muß hinaus!
Wär' er wie Sturm und Ungewitter,
Gebändigt bring' ich ihn nach Haus.
Und fragt mich nicht nach meinem Bleiben,
Laßt mir in meiner Launen Spiel
Der nächsten Tage Thun und Treiben,
Die Wege weiß ich und ihr Ziel."

Im Burghof nach dem Frühmahl harret
Der Hengst gesattelt und gezäumt,
Und wie er mit dem Hufe scharret,
Die Nüstern bläst und knirscht und schäumt,
Freut sich Tannhäuser, greift die Zügel
Und schwingt sich fröhlich in die Bügel,
Grüßt ritterlich herab und reitet,
Von Aller Blicken noch begleitet.
Erwin ruft ihm noch zu: „Gut Glück!
Und komm' mir auch gesund zurück!"
Doch der des Freundes Sorge sah,
Tannhäuser lacht: „Drum reit' ich ja!" —
„Wie soll ich dieses Wort verstehen?"
Frug Frau Gerlinde den Gemahl,
„Ist er denn krank? was ist geschehen?
Mir scheint er wie ein Mann von Stahl."
„Laß, Liebe," bat Erwin, „das Fragen,
Bis von der Schwermuth er befreit,
Erinnrung aus den Jugendtagen
Treibt ihn hinaus in Einsamkeit.
Ich weiß, er will den Wald durchschweifen
Nach manchem alten Lieblingsplatz,
Wo wir dereinst auf unsern Streifen
Oft ausgeruht nach wilder Hatz."
Die Burgfrau schwieg, gedenk der Tugend,
Die Anderer Geheimniß ehrt.

Und über beider Freunde Jugend
Von ihrem Gatten längst belehrt.
Erwin sah recht; so trieb es weiter
Noch manche Tage sein Genoß,
Doch immer freier ward der Reiter,
Und immer zahmer ward das Roß.
Und endlich war es ganz gelungen,
Tannhäuser hatt' den Hengst am Zaum
Und auch den eignen Schmerz bezwungen,
Der still versank gleich einem Traum.
Einst kehrt' er aus dem Walde wieder:
„Erwin," sprach er, „nun ist's gethan,
Ich habe meine Ruhe wieder,
Du aber höre meinen Plan.
Ich will nicht müßig bei Dir liegen
Und Deine Wetterfahne drehn,
Giebt's nichts zu kriegen und zu siegen,
So soll doch hier ein Werk entstehn,
Das ich schon lang' im Kopfe wende
Mit unbezwinglich heißem Drang,
Gott schenke mir, daß ich's vollende
In herzerschütterndem Gesang!
Gedenkst Du noch der alten Mären,
Die uns Herr Konrad einst, Dein Ahn,
Mit klugem Deuten und Erklären
Erzählte hier beim Winterspan?
Von kühner Recken Fahrt zur Ferne,
Von Thaten unter Helm und Schild,
Von König Dieterich von Berne,
Vom hürnen Siegfried und Brunhild?
Ich habe sie wie ein Vermächtniß
In meinem Herzen treu bewahrt
Und sie zu bleibendem Gedächtniß
Wie Geister um mich her geschaart.

Des Minnesehnens Lerchenschmettern
Hab' ich wie Mehlthau abgestreift,
In meines Lebens schweren Wettern
Ist mir der Seele Kraft gereift.
Denn nicht umsonst hab ich gestritten,
Geöffnet hat es mir den Blick,
Mir hat gespart, was ich gelitten,
Zu einem Schatze das Geschick.
Was mir in kurzen Erdentagen
Begegnet ist auf meinem Gang,
Das will ich mit den alten Sagen
Verflechten nun zu einem Strang.
Der Liebe Glück, des Hasses Grollen,
Der Völker Streit, der Helden Strauß,
Des großen Schicksals Donnerrollen,
In meinem Liede kling' es aus!
Erwin! Erwin! jetzt will ich schaffen,
Nun gieb mir Pergament und Rohr,
Der Kürenberg erdröhnt von Waffen,
Burgunden schreiten durch das Thor!"

Tannhäuser saß in Irmgards Sessel,
An Irmgards Tisch und sann und schrieb
An strömender Gedanken Fessel,
In neu erwachtem Schaffenstrieb.
Waldblumen schmückten überm Bette
Das Crucifix zu Irmgards Ruhm,
Oft seiner Blicke Wallfahrtsstätte
In seinem stillen Heiligthum.
Er fühlte sich an dieser Stelle
Von der Geliebten Geist umweht,
Die wohl in ferner Klosterzelle
Auch seiner dachte im Gebet.
Er glaubte, Alles, was er schriebe,

Das sähe und das weihte sie,
Daß eine treue, heil'ge Liebe
Ihm der Begeistrung Schwingen lieh.
Die erste Strophe schrieb er nieder
Wie Herr von Kürenberg sie sang,
Wegweiser ward sie seiner Lieder
Mit ihres Tones vollem Klang,
Demselben, den er angeschlagen
Auf Wartburg an des Todes Rand,
Und der zuletzt ihm eingetragen
Den goldnen Kranz aus Wolframs Hand.
Die erste aber der Gestalten
War eine königliche Maid,
Kriemhild, und in der Liebe Walten
Lieh er von Irmgard ihr das Kleid.
Mit Lust schuf er die Aventüren,
Es wuchs das Werk in Geistesstatt
Mit hohem Sinn und scharfem Küren,
Beschrieben wurde Blatt auf Blatt.
Tagtäglich saß er ohn' Ermüden,
Kaum ließ er sich durch einen Ritt,
Durch eine Jagd mit starken Rüden
Abziehn von seiner Arbeit Schritt.

Da aus dem blauen Himmel krachte
Ein Blitzstrahl nieder, der das Reich
In seinem Grund erbeben machte
Von eines einz'gen Schwertes Streich.
Die Wogen schlugen wild zusammen,
Mast ging und Anker über Bord
Am Schiff der Welt, in Sturm und Flammen
Schrie's auf und heult' es: Königsmord!
Der König Philipp war erschlagen
Auf Bambergs Burg von Mörderhand

In seines Wirkens Blüthentagen
Just, als er Rom selbst überwand.
Der Mildeste der Edlen, Großen
Aus hohenstausischem Geschlecht
Lag meuchlings durch die Brust gestoßen
Und mit ihm Friede, Macht und Recht.
Nie war im deutschen Land gefallen
Schon ein so folgenschwerer Schlag,
In tausend Jahren war von allen
Dies sein verhängnißvollster Tag.
Friedrich, zu jung, als daß er helfe,
War ferne von der Dinge Lauf,
Die Krone nahm Otto der Welfe,
Und Rom war wieder obenauf.
Die blut'ge That traf alle Herzen,
Verdammt selbst von der Feinde Chor,
Tannhäuser aber schuf sie Schmerzen,
Als ob er einen Freund verlor.
Mit einem Anflug wahren Sehnens
Trug er den Herrlichen im Sinn
Und neben Philipps Bild Irenens,
Der wunderholden Königin.
Nun war er hin, der glanzvoll Hohe,
Der selber Gnade stets geübt,
Der Reiche, Schöne, Lebensfrohe,
Tannhäuser war zum Tod betrübt.
Er wollte fort, den Mordgesellen,
Und wenn er unterm Altar saß,
In Stücke reißen und zerspellen
Und sie den Raben streu'n zum Fraß.
Doch ach! er selbst war ohne Frieden,
Vergaß er, was in Rom geschehn?
Wie durst' er, selbst verdammt, hienieden
Des Rächers göttlich Amt versehn!

Schwer wieder fiel ihm ins Gewissen
Die Schuld, von der er nicht befreit,
Die ihn auf ewig losgerissen
Von Seelenheil und Seligkeit.
Unmuthig saß er manche Tage,
Von Reu' erfaßt, von Schmerz durchtost,
Doch endlich gab er auf die Klage
Und suchte in der Arbeit Trost.
Da Walthers von der Vogelweide
Und seines Worts gemahnt' er sich:
„Du wirst noch einst im tiefsten Leide
Zur Harfe greifen, — denk' an mich!"
Doch düster waren ihre Klänge,
Wo bittre Stimmung ihm genaht,
Inhalt und Wortlaut der Gesänge
War Streit und Tücke und Verrath.
Die Strophen schrieb er jetzt, wie Hagen
Mit König Gunther sich vereint,
Siegfried verrathen und erschlagen,
Und wie Kriemhilde ihn beweint.
Klar aber lag in seinem Geiste
Des Liedes Fortgang schon geplant,
Wie furchtbar rächend die Verwaiste
Des edlen Gatten Mord geahnt.
Erwin lehrt' er es stückweis kennen,
Und als ihm der die Frage bot:
„Wie willst Du Deinen Sang benennen?"
Sprach er: „Der Nibelunge Noth." —

Wie schwarz die Nacht, es folgt ein Morgen,
Wie lang er bleibt, er kommt einmal;
Wohlauf! es fällt in Angst und Sorgen
Ein heitrer, warmer Sonnenstrahl.
Am Burgthor dröhnt ein wuchtig Pochen,

Es klingt so lustig und so bunt, —
„Holla! wer hat die Bärenknochen?"
„Ein Klosterknecht von Adamunt!
Ich habe einen Brief zu bringen
Von einem Bruder aus dem Stift
An Ritter Heinrich Osterdingen,
Und wichtig, sagt' er, wär' die Schrift!"
Der Bote wurde eingelassen;
Vor Staunen konnte kaum den Brief
Tannhäuser mit den Händen fassen,
Erbrach ihn, sah hinein und rief:
„Erwin, ein Wunder ist geschehen,
Als wenn bergauf das Wasser treibt,
Die Sonne bleibt am Himmel stehen, —
Frutus, der Tintenhasser, schreibt!"

Und also lautete der Brief:

„Frutus, frater Admontanus,
Seinem weiland lieben Bruder
Tannhuserum, jetzo aber
Edlen Ritter Osterdingen! —
Gruß und aber Gruß im Namen
Aller hochgelobten Heil'gen,
Daß sie uns in Nöthen helfen!
Sintemal und alldieweilen
Ihr mir einstmals anvertrauet,
Daß der Kürenberg Eu'r Heim sei,
Send' ich Euch dorthin dies Brieflein;
Trifft's Euch nicht, sucht's Euch zu Wiene,
Sonsten aber auf der Wartburg.
Nämlich kund sei und zu wissen,
Wie ich Euch hiermit vermelde,
Daß in Rom der heil'ge Vater

— Gott erhalt' ihm seine Demuth! —
Boten nach Euch ausgesandt hat,
Eu'r Verbleiben auszuspüren,
Aber leider ganz umsunsten.
Weil er nun in seiner Weisheit
Alles weiß, wie recht und billig,
Ausgenommen wo Du stecktest,
Wußt' er auch, daß Du vor Jahren
Hier in Adamunt gewesen
Und beim guten Bruder Frutum
Des Latein Dich sehr befleißigt.
Also sandte er auch hierher,
Und ein seltsam Märlein war es,
Was wir da vernommen haben.
Innocenz, der heil'ge Vater,
Läßt Dir also jetzt verkünden,
Daß ein Wunder sei geschehen.
Sein Dir wohlbekannter Stecken
Habe wieder neu gegrünet,
Blättlein hab' er und drei Knösplein
Aus dem dürren Stamm getrieben.
Das hat nun der heil'ge Vater
Ausgedeutet, daß der Himmel
Deine Sünden Dir vergeben,
Und alldarum will er's auch thun,
Spricht Dich los und schickt Dir gnädig
Seinen apostol'schen Segen.
Eine Buße aber — Buße?
Ja, was hast denn ausgefressen? —
Müßt' er doch Dir auferlegen:
Niemals dürfest Du vor Menschen,
Noch im Leben, noch beim Tode,
Noch gesprochen, noch geschrieben
Deinen Namen wieder nennen,

Der sei ausgelöscht' auf Erden!
Also sprach des Papstes Bote.
Ich versteh' kein Sterbenswörtlein
Von dem Allen, hoffe aber,
Daß Du's selber Dir zurecht legst,
Wenn mein armes, kleines Brieflein
Dich annoch am Leben findet.
Hier ist Manches anders worden,
Isenricus und Albanus
Und mein Feind, der Küchenmeister,
Singen nicht mehr mit im Chore.
Ich bin alt, jedoch nicht schwächlich,
Bin ein lützel dick geworden,
Brauche auch nicht mehr zu schreiben,
Weil es allzusehr mich angreift.
Darum schließ' ich die Epistel.
Nun gehabt Euch wohl, Herr Ritter!
Betet für mich, oder aber
Geht beiseit und trinkt ein Kännlein
Euch und mir zum Wohl und Heile.
Amen! sag' ich, Gloria Deo. —
Dein getreuer Bruder Frutus."

Tannhäuser warf, als er geendet,
Sich an des Freundes Brust und rief:
„Erlöst! erlöst! der Himmel sendet
Mir selber seinen Gnadenbrief.
Befreit bin ich von Bergeslasten,
Bei den Gerechten kann ich stehn,
In Frieden noch auf Erden rasten,
In Ruh dem Tod entgegen sehn."

Gerührt umschlang ihn der Gefährte
Und sprach dann ernst: „Gott ist versöhnt,

Und dennoch hat in seiner Härte
Der Papst den Namen Dir verpönt?
Der soll in Deinem Lied nicht stehen,
Wenn Du's geschaffen schön und groß?"
„Des Schöpfers Name wird verwehen,
Und dem Kometen gleicht sein Loos,
So klang's im Traum an einem Orte —"
Der Sänger sprach es hörbar kaum,
Erwin fiel ein mit raschem Worte:
„Sag', Heinrich, war's nicht auch ein Traum,
Ein Fieberwahn, den Du, genesen,
Erkennest jetzt als Truggeflecht,
Daß bei der Holda Du gewesen
Im Hörselberg? besinn' Dich recht!"
Tannhäuser schüttelte: „Nein, Lieber!
Du redest nimmer mir es aus,
Im Winter erst lag ich am Fieber
Zu Ulm im Lazaristenhaus.
Hat Gott auch Gnade mir verkündigt,
Noch kann ich selbst mir nicht verzeihn,
Was ich an Einer schwer gesündigt,
Und das soll meine Buße sein,
Daß ich des Ruhmes Glanz entsage,
Verborgen schaff' ich mein Gedicht,
Das Lied komm' auf der Nachwelt Tage,
Doch seines Sängers Name nicht!"

Es kam der Herbst mit seinem Sturme,
Der Winter kam mit Schnee und Eis,
Tannhäuser saß in seinem Thurme
Still schaffend mit geduld'gem Fleiß.
Ihn trug der siegessichre Glaube
An seine Kunst und seine Kraft,
Beseligt schwebt' er überm Staube,

Entrückt von niedrer Sorgen Haft.
Wie Keinem war es ihm gegeben,
Im Innern eine Welt zu schau'n,
Er konnt' im Geiste sich das Leben
Mit Bildern, wie er wollte, bau'n.
Er wuchs mit seinem Stoff zusammen,
So daß er nie das Ziel verlor,
Und aus der Dichtung Feuerflammen
Ging er geläutert nun hervor.
Die alten wilden Wünsche schwiegen,
Der Sehnsucht Hast und Unruh schwand,
In nebelgrauer Ferne liegen
Sah er des Irrthums spiegelnd Land.
Nur reiner Liebe treu Gedenken
Blieb ihm, von Leidenschaften frei
Lernt' er im süßen Sichversenken,
Was wahrer Liebe Seele sei.
Mit Freuden schuf am Werk er weiter,
Drang vorwärts, blätterte zurück,
Und in der Kampfgluth seiner Streiter
Fühlt' er ein unaussprechlich Glück.
Da mit dem edelsten der Triebe
Ward es im Herzen ihm bewußt:
Auch im Gesange lebt die Liebe,
Im Schaffen wohnt die höchste Lust.
Und willst du eine Welt dir bauen,
Nach deinem Willen, deinem Plan
Das Große und das Kleine schauen, —
In Liedern einzig ist's gethan.

Und endlich war es ausgesungen
Gewaltig, klangvoll, jugendfrisch,
Das große Lied der Nibelungen,
Da lag es vor ihm auf dem Tisch

Zwei Jahre hatt' er dran gesessen,
Seit auf den Kürenberg er kam,
Und seine Kraft daran gemessen,
Schwer ward's ihm, daß er Abschied nahm
Von diesem Werke seines Lebens,
Nach dem er fort und fort gestrebt,
Doch lächelnd sprach er: „Nicht vergebens
Hast nun du in der Welt gelebt!"

Umschauend dann mit weitem Blicke
Schien ihm die Zukunft öd und leer,
Nur Eins noch wollt' er vom Geschicke,
Und dazu braucht' er Schild und Speer.
Er wollte nicht zu Grabe wallen,
Von Greisenschwäche eingewiegt,
Er wollt' in heißem Kampfe fallen
Als Held und Ritter unbesiegt.
Fern aus Siciliens Lorbeerhainen
Stieg auf ein neuer Hoffnungsstern,
Mit dem wollt' er sein Loos vereinen,
In ihm erkannt' er seinen Herrn.
Friedrich, der Hohenstaufenknabe,
War um sein Königsrecht gekränkt,
Ihm vorenthalten Ehr' und Habe
Und Thron und Reich, mit Blut getränkt.
Dort war sein Ziel, und zum Genossen
Sprach er: „Erwin, ich hab's bedacht,
Und was ich über mich beschlossen,
Erschüttert keines Wortes Macht.
Zum jungen Friedrich will ich reiten,
Um Roß und Rüstung bitt' ich Dich,
Für Hohenstaufen will ich streiten,
In seinen Schlachten ende ich.

Hier nimm mein Lied wie eines Todten,
Bewahr' es wie Dein bestes Gold
Und schick' es bald mit sicherm Boten
Nach Wien zum Herzog Leopold.
Doch schwöre mir bei Deinem Lieben
Geheimniß heut und immerdar,
Daß der, der dieses Lied geschrieben,
Heinrich von Ofterdingen war!"

Erwin, so schwer's ihm mochte scheinen,
Gab endlich nach in bitterm Leid
Und schwur für sich und für die Seinen
Verschwiegenheit mit hohem Eid.
Dann wählte sich für's Schlachtgefilde
Tannhäuser Roß und Helm und Speer,
Und jetzt auf seinem blanken Schilde
Stand: „Gott die Ehr! dem Reich die Wehr!"
Er ritt in früher Morgenstunde
Vom Kürenberge aus dem Thor, —
Niemals gelangte wieder Kunde
Von ihm zu eines Menschen Ohr.

Minneschweig.

Uns Enkeln ist in Liedern   von Alters aufbewahrt
Gar mannigsache Kunde   von unsrer Väter Art,
Wie sie gelebt, geliebet,   wie sie ihr Gut gemehrt,
Wie sie geritten, gestritten,   und wie sie den Freund geehrt.

Gesagt wird und gesungen   von einem treuen Brauch,
Der ist noch gäng und gäbe,   den halten und hegen wir auch:
Wenn Einer abgeschieden,   der lange lieb uns war,
So bringen einen Becher   die Lebenden dem Todten dar.

Wir reden und wir raunen,   was Jeder weiß und denkt,
Und still wird dann getrunken   und still das Glas gesenkt;
Zu ehrendem Gedächtniß   ist das ein Weihetrank,
Und die uns das gelehret,   denen sei dafür Preis und Dank!

Sie nannten's «Minne trinken»,   es ging von Mund zu Mund,
Und Mann und Mage schwuren   sich einen festen Bund,
Der Becher aber, ob golden   oder aus Thon gebrannt,
Ob hölzern oder hürnen,   der wurde «Minneschweig» genannt.

Wohlan! den Becher halte   ich hier in meiner Hand,
Er ist mit Wein vom Rheine   gefüllt bis an den Rand,
Denn Minne will ich trinken   Einem, der lieb mir war
In meinem Sinnen und Träumen,   er ist es mir noch immerdar.

Wo sind nun, die von Minne   gesungen ihr Leben lang,
Von deren Saitenspiele   ein Jahrhundert erklang?
Ihr ritterlichen Sänger,   wo brachen eure Schwingen?
Und wo zu Deinem Frieden kamst Du, Heinrich von Osterdingen?

Wenn ich die Stätte wüßte,   ich nähme Tasche und Stab
Und käme zu Dir gepilgert   und setzte mich auf Dein Grab,
Und wenn noch keine wüchsen,   ich pflanzte Dir Rosen hinein
Und wollte Deinen Hügel   besprengen mit goldenem Wein.

Du trugst ein heißes Sehnen   und einen stolzen Muth,
Dein Herz war Dein Verhängniß,   Dein Herz und seine Gluth;
Wie hoch Du Dich vermessen,   Du sühntest, was Du geirrt,
Und hast zujüngst erfahren,   daß alle Lust zu Leide wird.

Still bist Du ausgeritten   zu Deiner letzten Schlacht,
Spurlos dahin geschwunden   in ewigen Schweigens Nacht,
Längst ist Dein Schild zerbrochen,   verstummt Dein Liedermund,
Aber Dein Genius leuchtet   noch über dem Erdenrund.

Wie Abends, wenn die Sonne   schon unserm Blick entschwand,
Der Himmel flammt und gluthet   weithin noch über das Land
Von dem unendlichen Glanze,   dessen Spenderin schied,
So strahlet in die Zeiten   nach Deinem Hingang noch Dein Lied.

Als sie's zu Wiene lasen,   dahin es der Freund gesandt,
Ist von Entzücken und Grausen   ihnen das Herz entbrannt,
Wie Glocken hat es geklungen,   wie rollende Wogen gerauscht,
Und wie vom Sturm geschüttelt   haben da die Hörer gelauscht.

Es hat die Welt durchzogen,   als ob es zu Rosse saß,
Sieghaft wie Deine Helden   von übermenschlichem Maß;
Es nennt nicht Deinen Namen,   verhohlen hast ihn Du,
Den Minneschweig aber trink' ich,   Nibelungendichter, Dir zu!

Des Sängers ist das schönste,   das reichste Erdenloos,
Er schafft, was in der Seele   ihm aufsteigt riesengroß,
Himmel und Hölle beschwört er   mit seinem Runenstab,
Und zu den geschilderten Schatten   geht er dann selber schweigend
                                                                   hinab.

Glossar.

Zum ersten Bande.

Seite

31. Taberne — Schenke, Trinkstube.

„ Garzun — garçon, Knappe, Page, Edelbube.

32. Wildfangrecht — nach diesem Recht wurde ein Fremder, der sich eine gewisse Zeit lang auf dem Gebiete eines Grundherrn aufgehalten hatte, dessen Höriger (Leibeigner).

36. Kemenate — Wohn- und Schlafzimmer, auch Frauengemach.

48. Ranst — ein Stück, Rand, Kante, namentlich von Brod, Brodrinde.

52. Seelgeräthe — was der Seele zum Heile gereicht.

53. Schüssel- und Becherlehen — Abgaben oder Vermächtniß zu Speise und Trank, zuweilen auch nur Lieferung einer Schüssel oder eines Bechers.

„ Inful — Kopfbedeckung der Bischöfe und mancher Aebte.

70. Vulgata — eine alte (nicht die älteste) lateinische Bibelübersetzung.

82. leisiren — beim scharfen Reiten dem Pferde den Zügel verhängen. Das Pferd mit verhängtem Zügel scharf gehen lassen.

83. Ostersachs — ein altes, breites Schwert.

86. Sälde — ein schwer zu umschreibendes Wort, meist edle Lebensfreude, Herzensglück, irdische Seligkeit bedeutend.

88. Nygramant — eigentl. Schwarzkünstler, auch Wahrsager, Hellseher, Zeichendeuter.

92. Schwalbe — eine kleine Harfe.

97. Sanct Gertruden Minne trinken — ein Abschiedstrunk, mit dem man den Scheidenden in Schutz und Segen der heil. Gertrud befahl.

100. De vô benie! — (Altfranzösisch) Dieu vous benie!

„ Grâmarzi! — grand merci!

„ Bien sey venûz! — Soyez le bien venu!

„ Sire schevelier! — Sieur chevalier!

100. Cum est beas! — comme il est beau!

102. Sirventes — Lob- oder Rügelieder, auch Dienst-, Klage- und politische Lieder.

„ Tenzonen — Streitlieder, auch in Liebesangelegen-heiten.

„ Canzonen — Lieder, ausschließlich der Liebe und der Gottesverehrung gewidmet.

107. de bon cor — de bon coeur.

113. Domne, də vûs sal! — Domine (lat.) dieu vous salue!

114. Niftel — Cousine oder Nichte.

117. pour ung chanson etc. — pour un chanson un doux baiser, oui ou non?

119. joeglar — jongleur d. h. hier soviel wie Troubadour.

„ l'art de trobar — l'art de trouver.

121. tut doussamen — tout doucement.

„ jutjamen — jugement.

„ lo gai saber — le gai savoir.

„ veramen — vraiment.

„ langue d'oc — mittelalterlicher Provinzialdialekt von Südfrankreich, weil die Bewohner oc statt oui sagten; daher hieß die Sprache des übrigen Frankreichs langue d'oui (d'oïl).

„ e'l dieus d'amor — le dieu d'amour.

122. Amic — amis (Freunde).

128. Der Minne Brief — hier soviel wie Gesetze, Statuten.

129. Jahrlang — (mhd. jârlanc) bedeutet nicht immer einen bestimmten Zeitabschnitt, sondern überhaupt soviel wie lange Zeit.

132. Baldekin, Scharlach, Pfawin, Achmardi, Käm-blin — kostbare seidene oder feinwollene Frauenkleider-stoffe, oft buntfarbig und golddurchwirkt.

„ Jachant, Beryll und Kalcedon — Edelsteine.

„ Schapel — Kopfputz.

Zum zweiten Bande.